中华文明突出特性研究丛书

02

# 薪火相传

## 中华文明的连续性文献选读

向玉乔 —— 主编
王泽应 罗成 蒋林 —— 编著

岳麓书社 · 长沙

图书在版编目(CIP)数据

薪火相传:中华文明的连续性文献选读/王泽应,罗成,蒋林编著.—长沙:岳麓书社,2024.4

(中华文明突出特性研究丛书/向玉乔主编)

ISBN 978-7-5538-2073-6

Ⅰ.①薪… Ⅱ.①王…②罗…③蒋… Ⅲ.①文化史—文献—汇编—中国 Ⅳ.①K203

中国国家版本馆 CIP 数据核字(2024)第 089170 号

XINHUO-XIANGCHUAN:ZHONGHUA WENMING DE LIANXUXING WENXIAN XUANDU

## 薪火相传:中华文明的连续性文献选读

丛书主编:向玉乔
编　　著:王泽应　罗　成　蒋　林
出 版 人:崔　灿
出版统筹:马美著
策划编辑:刘　文
责任编辑:黄金武
责任校对:谭敏求　苏　钢
封面设计:谢　颖

岳麓书社出版发行
地址:湖南省长沙市爱民路47号
直销电话:0731-88804152　0731-88885616
邮编:410006

版次:2024 年 4 月第 1 版
印次:2024 年 4 月第 1 次印刷
开本:880mm×1230mm　1/32
印张:9.375
字数:208 千字
书号:ISBN 978-7-5538-2073-6
定价:82.00 元
承印:湖南天闻新华印务有限公司

如有印装质量问题,请与本社印务部联系
电话:0731-88884129

总序 ——————
# 坚定中华文明自信

实现中华民族伟大复兴是全体中国人民的共同心愿。伟大复兴之大局与世界百年未有之大变局复杂交织，中华民族的复兴之路必定充满挑战和坎坷。要实现伟大复兴，中华民族应该坚持以习近平新时代中国特色社会主义思想为指导，坚持中国共产党领导，展现应对复杂国际局势和巨大风险挑战的决心、智慧和能力，坚定道路自信、理论自信、制度自信、文化自信、文明自信、历史自信。文明自信是最核心、最重要的自信，是中华民族道路自信、理论自信、制度自信、文化自信、历史自信的轴心和支柱，能够为中华民族实现伟大复兴提供正确思想理念引领、正确价值观念引领和正确理想信念引领。

## 一、中华文明因中华民族而兴

中华民族是中华文明的创造者、传承者和发展者，是中华文明的主体，其创造、传承和发展中华文明的主体性不容置疑。中华文明之所以具有强大影响力、感召力、塑造力、引领力、凝聚力、辐射力、发展力，这首先得力于中华民族的文明主体性。没有中华民族的文明主体性和积极创建文明的主体作用，就没有中华文明的繁荣发展。

中华民族的文明主体性是在创造、传承和发展中华文明的历史进程中锤炼而成的。中华民族在中华大地上繁衍生息，开天辟地，战天斗地，砥砺前行，积极进取，奋发图强，展现了自立、自强、自信的集体性精神品质，形成了无比强大的文明主体性，建构了具有突出连续性、创新性、统一性、包容性、和平性的中华文明，为人类文明进步做出了卓越贡献。

中国共产党的坚强领导极大地增强了中华民族的文明主体性。中华民族创造了辉煌灿烂的古代文明，尤其是凭借四大发明闻名于世，古代中国也因此而位居世界四大文明古国之列，但由于在明清时期故步自封、夜郎自大、缺乏国际视野，中华文明在近代陷入前所未有的生存危机。中国共产党在国家蒙辱、人民蒙难、文明蒙尘的紧要关头诞生，将马克思主义引入中国，正确认识和处理马克思主义与中国国情、中华文化的关系问题，坚持把马克思主义基本原理同中国具体实际相结合、同中华优秀传统文化相结合，上下求索，积极作为，开创了中华文明发展新局面。在中国共产党坚强领导下，中华民族的文化自信和文明自信空前高涨。

党的十八大以来，习近平同志高瞻远瞩，对中华民族伟大复兴战略全局和世界百年未有之大变局复杂交织的国内外形势作出正确判断，"对关系新时代党和国家事业发展的一系列重大理论和实践问题进行了深邃思考和科学判断，就新时代坚持和发展什么样的中国特色社会主义、怎样坚持和发展中国特色社会主义，建设什么样的社会主义现代化强国、怎样建设社会主义现代化强国，建设什么样的长期执政的马克思主义政党、怎样建设长期执政的马克思主义政党等重大时代课题，提出一系列原创性的治国理政新理念新思想新战略"①，创立了习近平新时代中国特色社会主义思想。习近平新时代中国特色社会主义思想是中国式现代化和新时代中国特色社会主义建设事业的指导思想，是建设中华民族现代文明和推动构建人类命运共同体的指导思想。自从有了习近平新时代中国特色社会主义思想的正确指导，中华民族以更加自信、更加豪迈的态度推进中国式现代化、新时代中国特色社会主义、中华民族现代文明和人类命运共同体建设，并且在各个领域取得显著成效和巨大成就。

中华民族的文明主体性是中华文明繁荣发展的根本支撑。它凝结着中华民族创造、传承和发展中华文明的自觉性、能动性、创造性，体现了中华民族坚持铸牢民族共同体意识、坚持始终如一、坚持多元一体、坚持团结奋斗、坚持同生共荣、坚持心系世界、坚持造福全人

---

① 中共中央关于党的百年奋斗重大成就和历史经验的决议[M].北京：人民出版社，2021：25—26.

类的集体品格，彰显了中华民族以理服人、以文服人、以德服人的文明观。

**二、中华民族因中华文明而荣**

中华文明是中华民族的根和魂。它一旦形成，就一直为中华民族源源不断地提供思想理念引领、价值观念引领和理想信念引领，是中华民族发展壮大、行稳致远的强大精神支撑。

伟大的中华文明造就了伟大的中华民族。一个民族主要是因为它创造了伟大文明而变得伟大。中华文明源远流长、博大精深，具有广泛而强大的国际影响，这不仅说明它具有不容忽视的巨大价值，而且给中华民族带来了耀眼夺目的荣光。

中华文明的悠久历史赋予中华民族深切的历史感。一个民族不能没有文明历史感。文明历史感不仅是一种集体记忆，而且是人类生存意义的主要来源。一个没有文明历史感的民族是无法找到其生存意义的。在当今世界，很多民族因为文明中断而缺乏文明历史感。中华文明历史悠久，不仅仅给中华民族提供了精深厚重、丰富多彩的历史记忆，更重要的是为中华民族提供了深厚而强烈的历史感和生存意义感。

中华文明的持续发展赋予中华民族巨大的成就感。每一个民族都需要有成就感。巨大的成就感，不仅让一个民族具有光荣的集体记忆，而且能够为它的进一步发展提供强大动力。有些民族可能将自己的成就感建立在占领其他民族的领土上，有些民族可能将自己的成就感建立在遏制其他民族的发展上,有些民族可能将自己的成就感建立在民族利己主义行径上,而真正能够让一个民族具有最大成就感的是它所创造的文明。伟大的中华文明是中华民族弥足珍贵的传家宝,是中华民族成就感的根本来源。

中华文明的思想精髓赋予中华民族强烈的幸福感。并非每一个民族都能够享有历史悠久、底蕴深厚、一脉相传的文明。中华文明源远流长、赓续不断、精深厚重,蕴藏于中华优秀传统文化、中国革命文化和中国社会主义先进文化之中,是一个取之不尽用之不竭的智慧宝库,能够给中华民族提供正确世界观、历史观、国家观、人生观、价值观、文明观的启迪,能够给中华民族提供理论智慧和实践智慧的启迪,能够给中华民族提供自强不息、厚德载物、与人为善、以和为贵、团结奋斗、共同发展、胸怀天下、登高望远的道德观启迪。

中华文明是中华民族的共有精神家园。它是中华民族集体记忆的核心内容,是中华民族开拓精神、创造精神、奋斗精神、革命精神、改革精神、伦理精神的结晶,是中华民族生存经验和发展智慧的精华,是中华文化的精髓。只要秉着虚心向先辈学习、向过去学习、向历史学习、向传统学习、向记忆学习的正确态度,我们就能够不断从中华文明中汲取正确看世界的思想智慧、安身立命的人生智慧和造福人民的治国理政智慧。

## 三、中国因中华文明而强

文明强,则国强;文明弱,则国弱。中华文明的历史演进跌宕起伏，中国的发展历史也呈现为一个时强时弱的过程。中国的发展状况与中华文明的发展状况密切相关，中国的命运也总是与中华文明的命运紧密相连。

中华文明是中国发展状况的风向标。每逢重大历史事件，中国的状况都会通过中华文明的存在格局得到集中体现。经过春秋战国时期的长期战乱，饱受战乱之苦的中华民族渴望实现国家统一，中华文明的统一性对中华民族发挥了价值引领作用，这是秦始皇能够统一中国的民心基础、思想基础。时至近代，外国列强的轮番侵略曾经让中华民族的文明自信受到严重打击，这是中国陷入近代危局的最深层原因。当然，随着中华民族重拾文明自信，中国最终又摆脱了危机，再次雄踞世界东方。

中华文明是中国心。在中国，每当张明敏的爱国主义歌曲《我的中国心》唱起，中华儿女就会热血沸腾、群情激昂。之所以如此，是因为爱国主义是中华民族精神的核心，也是中华文明的核心。中华文明培养了屈原、岳飞、文天祥、戚继光、郑成功、林则徐、李四光、钱学森等伟大爱国者，培养了孙中山、毛泽东、朱德、周恩来、刘少奇等为中国发展鞠躬尽瘁的革命家，培养了蔡和森、缪伯英、杨开慧、刘胡兰等为救国救民而光荣牺牲的革命烈士。他们是中国的脊梁，是中华文明精神的杰出代表。

中华文明是中国魂。中华文明具有物质文明、政治文明、精神文明、社会文明、生态文明等多种形态，但贯穿于这些文明形态之中的是中华民族在历史上形成的正确思想理念、价值观念和理想信念。由于具有正确思想理念、价值观念和理想信念的引导，中国总是能够站在历史正确的一边来谋求自身的发展，总是能够在谋求自身发展的同时心系人类的命运和世界的前途，总是能够坚定不移地走和平发展道路。

中华文明是中国的精神支撑。中华文明在，中国心就在，中国魂就在。国家强大时，中华文明会引导中华民族学习水的美德，做人如水，谦虚谨慎，戒骄戒躁，善利万物而不争，多做有利于人类文明进步的善事，而不是霸道逞强、恃强凌弱、横行天下。国家衰败时，中华文明会引导中华民族学习山的美德，做人如山，坚韧挺拔，自强不息，团结奋斗，积极作为，而不是悲观绝望、自暴自弃、无所作为。无论处于顺境还是逆境，中华民族都能够从中华文明中获取自立、自强、自信的精神力量，都能够从中华文明中获取建设强大国家的不竭动力。中华文明是伟大的中华民族建设伟大中国的底气、志气和骨气所在。

中华文明给中国注入的主要是精神力量，这就是强大的中国精神。中国精神是中华文明的精神内核，是具有中国特色的思维方式、思想理念、价值观念、理想信念、文化传统、实践智慧等构成的一个集体性精神体系，是中华民族繁衍发展、不断壮大的强大精神支撑。它包括阴阳对立统一的辩证思维、尊天法地的思想理念、以德为本的价值观念、求大同的理想信念、以伦理为主导的文化传统、实事求是的实践智慧等等。

## 四、世界因中华文明而利

中华民族是人类大家庭的重要成员，中国是世界共同体的重要组成部分，中华文明是人类文明体系的重要内容。中华文明的发展状况，不仅决定着中华民族和中国的历史、现状和未来，而且与人类大家庭、世界共同体、人类文明体系的历史、现状和未来息息相关。

古代中国的四大发明不仅极大地提高了世界科技水平，而且从根本上影响了人类文明的发展格局。造纸术、指南针、火药、印刷术的发明及其在世界范围内的广泛传播，既造福中国人民，也造福其他国家的人民。

古代中国的丝绸之路不仅加强了中国与其他国家的经贸往来和文化交流，而且促进了人类文明的交流互鉴。中国的丝绸、茶叶、瓷器等商品通过丝绸之路输送到亚洲、欧洲国家，让很多国家的人民共享了中华文明发展的成果。

当今中国的改革开放不仅从根本上激发了中国人民的创造智慧和能力，而且拉动了世界经济的增长。通过改革开放，中国人民实现了"富起来"的发展目标，迎来了"强起来"的光明前程，拥有了前所未有的存在感、获得感和幸福感，同时为世界经济增长提供了巨大动力，给世界人民带来了巨大福祉。中国制造的商品遍布世界各国，使世界各国人民分享到了中国经济发展的丰硕成果。

中国全面建成小康社会为世界消除贫困做出巨大贡献。贫困是困扰人类的全球性问题。消除贫困是世界各国人民的共同愿望。十四亿多中国人民在中国共产党的坚强领导下完成脱贫攻坚重任，整体迈入小康社会，致力于追求全体人民共同富裕的美好生活，既极大地减轻了世界消除贫困的压力，又为其他国家解决贫困问题提供了可借鉴的成功经验。

中国坚持走和平发展道路是世界的福音。中华文明是和平型文明。中华民族具有以和为贵的思想传统，也一直坚持走和平发展道路。中国式现代化是走和平发展道路的现代化。中国不谋求通过战争、殖民、掠夺等方式实现现代化，坚持高举和平、发展、合作、共赢旗帜，坚决维护世界和平，致力于推动构建共商共建共享的全球治理体系，以自身的和平发展增进世界和平、促进世界发展，为世界人民享有和平做出重要贡献。

推动构建人类命运共同体的中国方案为世界发展指明了正确方向。在当今世界，单边主义、极端利己主义、霸权主义大行其道，加剧了国与国、民族与民族之间的矛盾和冲突，使世界陷入严重的分裂和动荡。在此国际背景下，中国提出构建人类命运共同体的方案，主张弘扬和平、发展、公平、正义、民主、自由的全人类共同价值，倡导多边主义、共同发展和文明交流互鉴，全力维护国际公平正义，呼吁世界各国重视解决日益加剧的和平赤字、发展赤字、安全赤字、治理赤字问题，为世界未来发展指明了正确方向。

世界因中华文明而利。中华文明具有突出的友好性、包容性、和平性，是友好型文明、包容型文明和和平型文明。这样的文明塑造了中华民族热爱和平、维护和平、坚持走和平发展道路的本性，塑造了中国反对一切形式的霸权主义和强权政治、反对冷战思维、反对干涉别国内政、反对搞双重标准以及主张尊重各国主权和领土完整、尊重国家平等、尊重各国人民自主选择发展道路和社会制度的品格，既有利于增进世界和平、促进世界共同发展、提高人类福祉，又有利于引导人类文明进步、加强世界文明交流互鉴、提升整个世界的文明水平。

# 目录

001　导　论　中华文明的连续性的表现、机理和价值

019　**第一章　源远流长的文明谱系**
021　第一节　筚路蓝缕，文明肇造
029　第二节　法天则地，创业垂统
036　第三节　慎终追远，礼仪之邦
043　第四节　志道据德，继往开来

050　**第二章　生生不息的文化基因**
052　第一节　究天人之际，通古今之变
059　第二节　自强不息，厚德载物
066　第三节　可久可大，富有日新
073　第四节　修齐治平，内圣外王

| | | |
|---|---|---|
| 081 | **第三章** | **赓续传承的厚生之道** |
| 083 | 第一节 | 生生之德，利用安身 |
| 090 | 第二节 | 藏富于民，国富民强 |
| 098 | 第三节 | 义利合一，利以义求 |
| 106 | 第四节 | 克勤克俭，治生兴业 |
| | | |
| 113 | **第四章** | **一脉相承的治道传统** |
| 115 | 第一节 | 皇天无亲，惟德是辅 |
| 122 | 第二节 | 民为邦本，本固邦宁 |
| 130 | 第三节 | 德法兼治，刚柔并施 |
| 137 | 第四节 | 制治于未乱，保邦于未危 |
| | | |
| 145 | **第五章** | **世代相传的家国情怀** |
| 147 | 第一节 | 家国一体，保家卫国 |
| 154 | 第二节 | 苟利社稷，死生以之 |

161　第三节　天下兴亡，匹夫有责
168　第四节　民族正气，长存天地

175　**第六章　一以贯之的中华正学**
177　第一节　神以知来，知以藏往
185　第二节　学贵弘道，思贵专精
192　第三节　承亡继绝，会其有极
200　第四节　希扬正学，推陈出新

207　**第七章　博古通今的历史意识**
209　第一节　以史为镜，慎始慎终
216　第二节　微言大义，圆神方智
224　第三节　深谋远虑，理势合论
231　第四节　知古知今，启后开来

238 **第八章　孜孜以求的大同理想**
240 第一节　仁笃其类，义扶其纪
248 第二节　天人合德，大公至正
255 第三节　政通人和，国富民安
263 第四节　讲信修睦，世界大同

270 **参考文献**

## 导论
# 中华文明的连续性的表现、机理和价值

习近平总书记在文化传承发展座谈会上指出:"中华文明具有突出的连续性。中华文明是世界上唯一绵延不断且以国家形态发展至今的伟大文明。"继而强调指出:"中华文明的连续性,从根本上决定了中华民族必然走自己的路。如果不从源远流长的历史连续性来认识中国,就不可能理解古代中国,也不可能理解现代中国,更不可能理解未来中国。"[①] 理解现代中国和理解未来中国,包含建设中华民族现代文明,推进当代中国文化建设,都要求赓续中华文明古而又新的精神血脉,传承好发展好中华文明的连续性,使其在回应时代和社会挑战中不断开创新局面,谱写继往开来新篇章。从根基上看,中国是一个文脉流淌不息的文明古国,数千年传承赓续不止。这些注定中国必须走具有本国特点的现代化道路,坚持以中国式现代化全面推进中华民族伟大复兴,坚持

---
[①] 习近平. 在文化传承发展座谈会上的讲话,求是:2023 (17).

把国家和民族发展放在自己力量的基点上，把中国发展进步的命运牢牢掌握在自己手中。没有中华文化的繁荣昌盛，就没有中华民族的伟大复兴。中华文明的悠久传承，是中国道路的深厚历史渊源和现实基础。传承中华文明，来自中国特色社会主义现代化建设的内在需要和实践需要。

中华文明不同于"有古而无今"和"虽新而无古"的文明的地方在于它是"亘古亘今""亦新亦旧"的文明类型。冯友兰《国立西南联合大学纪念碑碑文》有言："盖并世列强，虽新而不古；希腊、罗马，有古而无今。惟我国家，亘古亘今，亦新亦旧，斯所谓'周虽旧邦，其命维新'者也。"当今与中国并世而立的列强诸国都是"新而不古"的近代国家，而希腊、罗马则是古代辉煌而后发生了文明断裂的国家，属于"有古而无今"的文明类型。只有我中华民族所建立的国家才是"亘古亘今"亦即自古至今代代相传的连续性文明国家。"旧邦新命"是中华文明独特的国性基质和价值特质。"新故相资而新其故"，"新故相推，日生不滞"在中华文明体系中占有着极其重要的地位，也正因为如此，使得中华文明发展起了一种"继往圣""开来学"的文明精神并赋予传统文化一种由古及今的发展机理。对古今关系的重视特别是主张"尊古而不复古"的价值理念深刻地影响着中国人的精神文化生活，使中华文明不断地以"古为今用""推陈出新"的连续性智慧实现自身的创造性发展。正可谓"问渠那得清如许？为有源头活水来"。

中华文明萌生于中华上古神话和原始时代的传说。中华上古神话中的盘古开天辟地、女娲补天、精卫填海、夸父追日、愚公移山等，表现了中华民族的祖先对于自然奥秘探索的浓厚兴趣，以及征服自然的顽强斗志。中华上古时代的传说如有巢氏构木为巢、燧人氏钻木取火、伏羲氏始定人道、神农氏教民稼穑，反映出中华文明早期不同时代发展状况的社会和生活情景。黄帝至尧舜时期，中华文明已经进入或者说接近国家阶段。而夏商周三代，标志着中国从原始社会形态向文明社会形态迈进，开始形成中华文明的原生型文化。

白寿彝主编的《中国通史》提出了判断文明连续性的两个标准，其一是语言文字发展的连续性（这是形式上的），其二是学术传统的连续性（这是内容上的）。他说："如果我们以这两个标准来衡量世界上的各文明古国，其中大多数在文化发展史上不是已经中断了连续性，就是只有不完全意义上的连续性。""中国文明在文化史上的发展连续性，在整个世界史上尤其显得突出。"① 中华文明的连续性除了语言文字发展的连续性、学统或思想文化传统的连续性之外，还集中体现在人种民族的连续性、国土疆域的连续性、道统价值的连续性、治统或政治谱系的连续性、历史意识或史学传统的连续性等方面。

语言文字发展的连续性。语言文字是文明文化承载、

---

① 白寿彝. 中国通史：第1卷 [M]. 上海：上海人民出版社，2015：285—286.

交流与传播的主要介质。从神话传说中的"结绳记事""契木为文"起步，中华先民开始了漫长曲折的文字创造过程。"黄帝之史仓颉见鸟兽蹄迒之迹，知分理之可相别异也，初造书契。百工以乂，万品以察，盖取诸夬。"①钱穆在《中国文化史导论》中指出："中国文字实在是具备着'简易'和'稳定'的两个条件的，这一点不能不说是中国文化史上一种大成功，一种代表中国特征的艺术性的大成功，即以'简单的驾驭繁复'，以'空灵的象征具体'的艺术之成功。要明白中国文化之所以能扩大在广大的地面上，维持至悠久的时间，中国文字之特性与其功能，亦是很重要的一个因素。"②自秦始皇统一六合，"书同文、车同轨"后，以汉语为主的语言文字体系就确立并延续了下来。中国的语言文字尽管在不同的历史时期有不同的特性特点，但这些差异主要表现在语音、词汇及专门术语上，语法结构并没有发生根本性变化。更重要的是，语言文字所有的变化都是在长期的历史发展过程中逐渐发生的，后人可以沿着前人的解读读懂更早的典籍。从未中断的语言文字，是中华文明具有突出的连续性的重要标志。

学统或思想文化传统的连续性。学统是指文化生活和知识传承创造中所形成的传承体系和思想体系，儒家所置重的"道学"亦可认为是学统的重要组成部分。孔子建立了一个以仁为核心、仁礼结合的思想体系和价值

---

① 许慎. 说文解字 [M]. 北京：中华书局，2020：492.
② 钱穆. 中国文化史导论 [M]. 北京：商务印书馆，1994：91.

体系，使得上古以来华夏文明积淀而成的基本价值取向和民族品格得以塑造成型。孔子非常强调今要学古，但孔子所谓的"学"不是要把古代所有制度或者周制完全照搬到当时的社会之中。他更强调的是继承古代优秀制度中的核心精神，而外在的制度形式则为次要，后者可以随着古今时间的推移做出符合时代要求的改变。孔子创立的儒学开辟了一个相对独立于"仕"的维度，即儒家之"学"目的不是做官，而是提升自己的内在精神世界，让自己在不断的成长中获得无可比拟的巨大的精神愉悦，即《论语》中所言"为己之学"。正是得益于此，儒家士大夫的内在精神世界才得以确立。后来的两汉儒学、宋明新儒学乃至现代新儒学都有对儒家学统或思想文化传统的继承和发展。道家、法家、墨家思想都经历了自身的传承发展。儒墨道法诸家提出的思想主张、价值观念铸造了中华文化传统，对后世的政治理念、人生哲学、社会伦理等产生了深远影响。这些思想精华不断汇聚到中华优秀传统文化之中，通过史书记载、文献传承、教育延续等各种方式代代相传、世世研习，成为中华文明连续发展的记录，使中华民族思想文化传统的共同记忆从未中断。

人种民族的连续性。文明的实质是"人化"或"人类化"。根据人种学分类，中国人属于蒙古人种。从元谋人、蓝田人、北京人、郧西人到马坝人、大荔人、许家窑人再到柳江人、山顶洞人、资阳人，"他们都具有亚洲嫡派人种的诸特征"，是"由旧石器时代一脉相传下来的人种"。[1] 他们既具有现代蒙古人种所具有的典型体征，"始终一脉相承，但同时又有了明显的进化趋势"[2]。中华民族是在中国人种基础上形成并发展起来的多民族共同体，是以华夏民族为主体，融合西戎、北狄、东夷、南蛮各族结合而成的国族意义上的多民族共同体。近代以来，因西方列强入侵，中国沦为半殖民地半封建社会，民族危机日趋严重。为了挽救民族危机，先进的中国人开始了救亡图存的上下求索和艰苦奋斗，中华民族的民族意识和民族觉醒汇成一股股时代洪流，终于在中国共产党的领导下，实现了从"站起来"到"富起来"再到"强起来"的历史性飞跃。中华文明是由中国人和中华民族在生产生活实践中所共同创造、共同传承和共同发展的，凝聚着中国人和中华民族的群体性智慧。诚如习近平总书记所讲的，"我们辽阔的疆域是各民族共同开拓的。'邦畿千里，维民所止。'各族先民胼手胝足、披荆斩棘，共同开发了祖国的锦绣河山"。不仅如此，我们祖国悠久的历史是各民族共同书写的，灿烂的文化是各民族共同创造的，伟大的精神是各民族共同培育的。"一部中国史，就是一部各民族交融汇聚成多元一体中华民族的历史，就是各民族共同缔造、发展、巩固统一的伟大祖国的历史。"[3]

国土疆域的连续性。毛泽东在《中国革命和中国共

---

[1] 翦伯赞. 中国史纲：第一卷 [M]. 北京：商务印书馆，2010：15—16.
[2] 冯天瑜，何晓明，周积明. 中华文化史：上 [M]. 上海：上海人民出版社，2005：228.
[3] 习近平. 在全国民族团结进步表彰大会上的讲话 [M]. 北京：人民出版社，2019：4—7.

产党》一文中写道:"我们中国是世界上最大国家之一,它的领土和整个欧洲的面积差不多相等。在这个广大的领土之上,有广大的肥田沃地,给我们以衣食之源;有纵横全国的大小山脉,给我们生长了广大的森林,贮藏了丰富的矿产;有很多的江河湖泽,给我们以舟楫和灌溉之利;有很长的海岸线,给我们以交通海外各民族的方便。从很早的古代起,我们中华民族的祖先就劳动、生息、繁殖在这块广大的土地之上。"[1]"中国"作为一个专有名词,其含义或概念来自上古时期在黄河流域获得统治地位的政权。中央王朝的疆域在商、周二代约13个世纪发展的基础上,到公元前221年,秦始皇建立一个统一的多民族国家,其疆域北起河套、阴山山脉和辽河下游流域,西起陇山、川西高原和云贵高原,南至今越南东北、岭南,东至于海。此后,随着王朝的更替、变化与发展,中央王朝统治的大致区域和疆土基本确定,不少王朝都拥有过今天中国领土以外的疆域。清朝康雍乾的疆域东起库页岛,西至巴尔喀什湖、帕米尔高原,南抵南海诸岛,北达萨彦岭、额尔古纳河、外兴安岭,疆域面积多达1000多万平方千米。整体上考察,无论朝代如何更迭变化,中国人的生存空间或者说中央王朝控制的关键、核心疆域范围,如黄河流域、长江流域、珠江流域等,并没有发生根本性变化。同埃及文明囿于尼罗河流域、美索不达米亚文明囿于两河流域相异,中华文明不是依托于一个江河流域,而是拥有黄河流域、长

---

[1] 毛泽东. 毛泽东选集:第二卷 [M]. 北京:人民出版社,1991:621.

江流域、珠江流域以及黑龙江流域的广大区域，再加上云贵高原、青藏高原和蒙古高原及东海、南海、黄海、渤海等，回旋天地开阔，地形、地貌、气候条件繁复多样，有效避免了文明因外敌入侵而灭亡的历史悲剧，这是中华文明延续发展的基础性条件和先决条件。

道统价值的连续性。孔颖达《尚书正义序》有言："伏羲、神农、黄帝之书谓之《三坟》，言大道也，少昊、颛顼、高辛、唐、虞之书谓之《五典》，言常道也。"三皇五帝共同缔造了中华文明的原初框架，不仅有对大道的原创性论述，而且有对常道的发见和遵循。道统是一种以伦理道德为核心的价值体系和传承体系，是一种注重"道体"的核心价值并使其代代相传的伦理道德谱系，亦是由儒家学者阐扬出来的中华伦理文明的根本价值体系。孔子提出了"志于道，据于德"和"君子谋道不谋食""君子忧道不忧贫"的价值命题，并以"志道"和"谋道"来界定人生的至上价值，坚持认为"朝闻道，夕死可矣"，发展起了一种以道为贵的道统论。孟子在《尽心下》勾勒了一个由尧舜至于汤，由汤至于文王，由文王至于孔子的儒家道统体系。唐代韩愈作《原道》，在辟佛老的基础上肯定儒家"尧以是传之舜，舜以是传之禹，禹以是传之汤，汤以是传之文武周公，文武周公传之孔子，孔子传之孟轲。轲之死，不得其传"的道统体系，并决意接续孟子，"明先王之道以道之"，以承继儒家道统为自己神圣的人生使命。宋代周敦颐、程颢、程颐，特别是朱熹所创立和发展的理学正式提出"道统"的概念并以"继往圣开来学"自任，阐发了一系列如何使孔孟儒学更好地得以传承和发扬光大的新命题和新思想，并以之去齐家治国和平天下，凸显了道统在整个中华文明价值体系中的地位。明清之际的王夫之，以至近代的曾国藩、张之洞、孙中山都主张更好地接续中华文明的道统体系，并以之作为建设国家和发展文明的大本大原。

治统或政治谱系的连续性。"治统"或者说"政统"是指政治生活和政治体系中所形成和推崇的政治文明传统和政治价值体系。黄帝是华夏民族共同的人文始祖，黄帝垂衣裳而天下治，中华文明的端绪自此确立。从黄帝到夏商周，中华文明在治统或政统上走的是一条"改良"或"损益型"的发展道路，夏朝脱胎于邦国联盟，其制度文明保有邦国联盟时代许多有益的成果。后来的商朝取代夏朝，周朝完胜商朝，胜利者都没有令前代文明灰飞烟灭，而是予以继承、改造、发展。秦汉时期，政治上形成了大一统的稳固局面，大一统的思想得到了深刻阐发和广泛传播。汉以后，无论哪一个民族入主中原，都以统一天下为己任，都以中华文化的正统自居。分立如南北朝，都自诩中华正统；对峙如宋辽夏金，都被称为"桃花石"；统一如秦汉、隋唐、元明清，更是"六合同风，九州共贯"。在中华文明发展史上，自夏、商、周以下至元明清，政治实体衔接有序，后一个朝代都自称是前一个朝代的继承者，在总结前朝何以失天下、本朝何以得天下的基础上更好地启后开来。绵延五千多年的中华文明虽历尽艰辛磨难，但政治发展脉络清晰可循，政治文明传统历久弥新，成为中华文明具有突出的连续性的集中表现。

历史意识或史学传统的连续性。中华文明起源于远古文化时期的神农氏时代以前，依据中国历史大系表顺序，经历有巢氏、燧人氏、伏羲氏、神农氏（炎帝）、黄帝（轩辕氏）、尧、舜、禹等时代，到夏朝建立，发展至今。早在黄帝时期就已经开始确立史官。史之初兴，由文字以记载。司马迁以黄帝为首建构上古史的谱系，既是对五方上帝神观念的扬弃，也是对人文历史认识的自觉化与理性化，具有深刻的慎终追远意义。司马迁著史的目的是"究天人之际，通古今之变"，"通古今之变"即是要找出古今之间历史变革的规律。东汉思想家王充有句名言："知今而不知古，谓之盲瞽；知古而不知今，谓之陆沉。"中华文明主张尊古而不复古，以"通古今之变"为历史理性和民族精神，将古与今视为连续发展的、因果联系的整体，古今之间有损有益，因时而变，充满着变而不失其常的发展规律性。"通古今之变"不仅与文化传承紧密联系在一起，更与治国安邦紧密联系在一起。《左传》明确指出孔子著《春秋》是为了"惩恶而劝善"，体现出是非褒贬的价值观。这种"春秋笔法"被后世的史书一以贯之地承袭下来，惩恶劝善的宗旨成为治史者不可置疑的原则。"明天道，正人伦，助治乱"，是以古为镜、以史为鉴的核心，鉴戒、惩劝的资治功能延伸到了以史教化的社会功能。探寻"治世"与"乱世"之变动根源，"鉴前世之兴衰，考当今之得失"，是"以古为镜"的经世功能，也是史学长盛不衰的价值所在。

中华文明的连续性，还表现在治生理财、保家卫国、对外交往等方面，形成为一种"继继绳绳"、源深流远的文明传承和发展的谱系、传统，成为人类文明发展史唯一的"亘古亘今""亦新亦旧"的文明类型和范式，也为人类文明的发展作出了卓越的贡献。

中华文明为什么具有突出的连续性，是与中华民族的精神气质、价值追求以及所创造的中华优秀传统文化、中华传统美德、中国哲学品质等密切联系在一起的，中华文明之所以能够在数千年的历史长河中实现连续性发展，"很重要的一个原因就是中华民族有一脉相承的精神追求、精神特质、精神脉络"[1]，有以爱国主义为核心的团结统一、爱好和平、勤劳勇敢、自强不息的民族精神和以改革创新为核心的时代精神。中华文明以中国精神的建构、挺立、传承和弘扬赋予中华民族以攻坚克难和创新创造的蓬勃活力和创造潜能，不断推进着中国社会历史的发展，使中华民族巍然屹立于世界民族之林。

中华文明之所以具有突出的连续性是与中华民族所创造和发展的中华优秀传统文化密切联系在一起的。"中华优秀传统文化是中华文明的智慧结晶和精华所在，是中华民族的根和魂"[2]，已经成为并将继续成为中华民族区别于其他民族的精神标识。中华优秀传统文化形

---

[1] 习近平. 习近平关于社会主义文化建设重要论述摘编 [M]. 北京：中央文献出版社，2017：124.
[2] 习近平. 习近平新时代中国特色社会主义思想专题摘编 [M]. 北京：党建读物出版社，2023：327.

成并发展起了自己认识和改造客观世界和主观世界的宇宙观、天下观、社会观和道德观，为中华民族建构起了安身立命和行稳致远的精神家园，不仅形塑了中国人思想和精神的内核，造就了中华民族共同的心理素质，而且孕育了中华民族深沉的爱国气质，奠定了民族融合的坚实基础。中华民族因共同的文化价值追求和文化精神品质而凝聚成共同体，并在认可这一共同的文化价值追求和文化精神品质中形成坚如磐石的关系，从而使中华民族成为一个文化型的精神共同体和命运共同体，也书写了"礼仪之邦"历久弥新的历史篇章。

中华文明之所以具有突出的连续性得益于中华传统美德的陶铸和涵育。中华传统美德是中华文化精髓，对陶铸和培育中华民族慎终追远和继往开来的伦理美德和民族精神及核心价值观发挥了重要作用。梁启超在《中国道德之大原》一文中坚持认为，中国有"报恩""虑后""明分"三种根本的道德价值理念，"有报恩之义，故能使现在社会与过去社会相联属；有虑后之义，故能使现在社会与将来社会相联属；有明分之义，故能使现在社会至赜而不可乱，至动而不可恶也"。[①]中国道德特别强调既继承和弘扬祖先和前辈代代相传的传统美德，又主张更好地将其发扬光大，面向未来作进一步的创造性发展，从而凝结成既报答祖先和前辈之恩的报恩德性，又具化为当今道德生活中尽职尽责、无愧先人的明分德性，还凸显为高瞻远瞩的虑后德性，架起了一座由历史

---

[①] 王德峰. 梁启超文选 [M]. 上海：上海远东出版社，2011：133.

而现实而未来的伦理精神桥梁。中华传统美德以贵和乐群、亲仁善邻、讲信修睦著称于世,崇尚以理服人的仁政王道,特别注重以德服人,以文化人。古往今来,中华民族之所以在世界上有地位,有影响,不是靠穷兵黩武和对外扩张,而是靠动之以情、晓之以理,将心比心和推己及人。中华先民早就懂得"远人不服,则修文德以来之"的道理。中华传统美德不仅促进中华文明的向前发展,挺立中华民族的精神脊梁,也受到国际社会的高度推崇和称颂。英国著名哲学家、伦理学家罗素认为"中国至高无上的伦理品质中的一些东西,现代世界极为需要"[1]。

中华文明之所以具有突出的连续性是与中华民族所建构的大道哲学及其思维方式密切联系在一起的。中国哲学以对"道"的追求、体悟、研修为尚,发展出一套"大道哲学"和"常道精神",体现出"与天地合其德,与日月合其明,与四时合其序,与鬼神合其吉凶"既尽人事又合天德的价值特质,并以"广大配天地,变通配四时,阴阳之义配日月,易简之善配至德",建构起一种"崇效天,卑法地""显诸仁,藏诸用""可大可久"之"盛德大业",并认为"可久则贤人之德,可大则贤人之业"(《周易·系辞上》),从而挺立起了一种立乎其大、行稳致远的文化精神和民族精神,为中华文化成为世界连续性文化之典范奠定了坚实的基础。中国哲学判断文

---

[1] 罗素. 中国人的性格 [M]//何兆武, 柳卸林. 中国印象:外国名人论中国文化. 北京:中国人民大学出版社, 2011:374.

明与野蛮的尺度,不是像古希腊那样以理性或者反理性作为标准,而是以德性的有无作为界碑。孔孟儒家注重的人禽之辨或者说人之所以异于禽兽者"几希"就在于人有道德而禽兽没有道德,所以成为人、做一个真正的人就在于讲求仁义道德,"立人之道曰仁与义"。以伦理代替宗教显示了中华民族文明意识与文明立场的独特性。中国哲学注重实事求是、知行合一,既强调尊重客观规律并从客观存在的事实中去求取正确的认识,又强调把认识与实践结合起来,以正确的理论去指导实践,并在实践中去检验真理和发现真理,使理论不断合乎实践并促进实践发展。"实事求是、知行合一"的哲学思想不仅有利于探寻事物发展规律进而更好地认识和改造世界,而且有助于促进哲学思维的创新并使其保持不竭创新动力。中国哲学推崇"执两用中""守中致和"的思维方法,这一思维方法使中华文明避免了绝对主义和形而上学思维的纠缠,有着对两端与用中关系的辩证思考,不但体现了事物运行发展的客观规律,也构成人们实践所必须遵循的行为原则,培养了中华民族不走极端,凡事追求适度、正当、合宜的行为习惯,促使中华文明能够沿着适中、守中、择中、行中的方向行稳致远。

中华文明之所以能够成为世界连续性文明的典范,一个重要的原因在于特别强调学习,并把善于学习、乐于学习和学以成人视为基本的价值理念代代相传,建立了自己"博学之,审问之,慎思之,明辨之,笃行之"的学习观。这种"学然后知不足,教然后知困"的教学相长观念培育了中华民族和中国人民致力于学习并以学习来铸造自己人格理想的民族精神,进而造就了中华文明兼收并蓄、开放包容的品质,使其能够在开放中吸收异质文明、在包容中消化异质文明、在多元融会中更新自身。

中华文明之所以具有突出的连续性是与"旧邦新命"的国性基质密切联系在一起的,"为往圣继绝学""为万世开太平"的承前启后、继往开来意识赋予中华文明连续性独特的精神品质和价值追求。中华文明始终充满着"新故相资而新其故","新故相推,日生不滞"的精神禀赋和创新活力。《诗》曰:"周虽旧邦,其命维新。"《周易·系辞上》有"富有之谓大业,日新之谓盛德"的论断,孔颖达解释"日新之谓盛德"为"圣人以能变通体化,合变其德,日日增新,是德之盛极,故谓之盛德也"。《周易》有"革"和"鼎"二卦,"革"卦重在去故,"鼎"卦重在成新,"革故鼎新"意味着革去故旧而成就新象,在推陈出新中不断促进文化和文明的进步。梁启超在释新民之义时指出:"新之义有二。一曰,淬厉其所本有而新之。二曰,采补其所本无而新之。"[1] "新"包含了淬厉其所本有和采补其所本无两方面的要义,诸凡发明和发现都可谓之为"新"。中华文明依靠革故鼎新和推陈出新既始终不间断地延续着自己的精神血脉、价值魂脉,又与时俱进活化自己的传统和精神,实现历久弥新的文明绵延发展,促进中国社会和中

---

[1] 王德峰. 梁启超文选 [M]. 上海:上海远东出版社,2011:45.

国历史的不断进步。

中华文明的连续性作为中华文明的第一大突出特色和优势是与其统一性、包容性、创新性、和平性水乳交融地联系在一起的，不仅统一性有连续性，而且包容性也有连续性，创新性也有连续性，和平性也有连续性，从而使得中华文明的连续性获得了统一性的支柱，包容性的支持，创新性的支撑，和平性的支援，进而使得这种连续性更加根深蒂固，更加精深厚重，更加高远旷明，更加行稳致远而富有力量、动能、底气和神韵。

中华文明的连续性具有深刻而高远的意义和价值。其一，中华文明的连续性是我们坚守文化自信、走好中国道路的力量源泉。"根之茂者其实遂，膏之沃者其光晔。"（韩愈《答李翊书》）当代中国文化是建立在五千年中华文明基础上且对中华文明有继承和发展的文化。中华文明对当代中国文化的意义既是历史性的又是现实性的，集历史性与现实性于一身，且有着价值根基、源头活水和精神依托的多重功能和效用。习近平总书记指出："中国有坚定的道路自信、理论自信、制度自信，其本质是建立在5000多年文明传承基础上的文化自信。"文化自信是最基本、最深沉、最持久的力量。中华文明的连续性构成了文化自信的前提与基础。正是由于五千多年的历史文化的积淀，使得中国作为泱泱文化大国在世界舞台上扮演了重要的角色。

其二，中华文明的连续性是我们建设中华民族现代文明的价值宝藏。中华文明是当代中国文化的价值根基和源头活水，也是支撑当代中国文化繁荣发展的动力源泉。中华文明是古而又新、亘古亘今的文明范式和文明类型，本身充满着承前启后、继往开来的内在动力和发展潜能，这就决定了中华文明必然成为中国文化创新的价值宝藏。2021年仲春，习近平总书记在武夷山九曲溪畔的朱熹园考察时向在场的各位参观者和工作人员强调指出："如果没有中华五千年文明，哪里有什么中国特色？如果不是中国特色，哪有我们今天这么成功的中国特色社会主义道路？"①这一重要论述深刻揭示了中华五千年文明与中国特色的内在精神联系和逻辑关联，进而深刻揭示了中国特色对中国特色社会主义道路以及中国特色社会主义制度、理论和文化的内在精神联系和逻辑关联，凸显了中华文明对中国文化创新发展的价值宝藏意义。

其三，中华文明的连续性书写了人类历史上的文明史诗。源远流长、博大精深的中华文明是中华民族和中国人民共同创造的文明成果，凝结着历史上和现实生活中中华儿女上下求索、艰苦奋斗的心血和智慧，积淀为卓尔不群的民族精神和核心价值，精湛高明且历久弥新的文化典籍，究本探源而又极深研几的哲学思维，嘉惠后人并造福世界的科技工艺，形成了礼仪之邦和文明古国的历史声誉，建构起了中华民族安身立命的精神家园以及融道统、政统、学统于一体的文明体系和价值体系，

---

① 习近平. 习近平谈治国理政：第四卷 [M]. 北京：外文出版社，2022：315.

在世界文明史上成为连续性文明、统一性文明、创新性文明、包容性文明、和平性文明的典范,书写了人类文明史最为辉煌而又广博浩远的文明史诗。

一言以蔽之,深度认识中华文明的连续性特质并把握其历史源流、价值导向、精神追求和独特建树,对于推进中国式现代化建设和实现中华民族伟大复兴,对于推动构建人类命运共同体、建设人类文明新形态都具有极其重要的战略意义和至上价值。

# 第一章
# 源远流长的文明谱系

中华民族具有百万年的人类史、一万年的文化史和五千多年的文明史，在漫长的历史与社会实践中创造了伟大的文明成就，形成并建构起了自己源远流长的文明谱系。自诞生之初，中华文明便展现出蓬勃的生机和旺盛的生命力。在中华文明肇造的远古阶段，伏羲氏、有巢氏、燧人氏、神农氏、轩辕氏等部落首领带领中华先民筚路蓝缕，构木为巢、钻木取火、养蚕缫丝、种植谷物、发明文字、磨制石器，建立了原始的农业、历法、医术、兵器，拉开了华夏文明的大幕。炎黄之后，尧舜禹等带领华夏万民在承继远古圣贤开创的文明基业的基础上进一步法天则地，创业创造，为中华文明的积蓄传延作出了历史性的贡献。夏商周三代对中华远古时代的文明既有总结更有新的发展，春秋战国时期形成的百家争鸣整体上对中华文明的精神理念、价值系统、思想学术及与之相关的器物文明、治道文明都作出了创造性的发展，使中华文明呈现出"新故相推，日生不滞"的发展趋势，为后世的传延和创新奠定了稳固的基础。之后，中华文明朝着更加聚合、广大、悠久、高明的方向发展，成为"亘古亘今""亦新亦旧"的文明类型和范式。与世界上其他的文明古国相继衰亡或湮灭不同，中华文明一经产生之后就以自己特有的连续性和绵延性著称于世。中华文明形成了独特的文化传统与价值观念，表现出崇文尚礼、尊道贵德的文明特质。一方面，中华文明建立了以礼教和乐教相统一的礼乐制度，形成了以礼乐为核心的社会秩序和人伦规范，建立了良好人际交往原则，促进了社会的和谐稳定。另一方面，中华文明形成了志道据德的思维观念，强调在生活实践中尊重自然规律，修养自身德性，通过追求个人德性生命的完善，体悟天道本真，达到天人合一的理想境界。整体而论，源远流长的文明谱系、"亘古亘今"的文明传延和创新构成中华文明的突出特色和优势，也凝聚和内化着自文明肇造以来无数代中华儿女认识和改造自然、社会和个体自我的心血、智慧及其成果。

## 第一节　筚路蓝缕，文明肇造

1. 栾武子曰："楚自克庸以来，其君无日不讨国人而训之于民生之不易、祸至之无日、戒惧之不可以怠。在军，无日不讨军实而申儆之于胜之不可保、纣之百克而卒无后，训之以若敖、蚡冒筚路蓝缕以启山林。"（《左传·宣公十二年》）

本段描写的是楚国的开国国君熊绎带领族人开山辟林、建国立业的故事。"筚路蓝缕以启山林"表示穿着破烂的衣服，乘着老旧的马车去开辟山林，此处用以形容楚王熊绎创业条件之艰辛。楚国在地理上本属于不毛之地，蛮烟瘴雾，环境恶劣，尽管如此，楚王依旧带领人民艰苦奋斗，奋发图强。经过熊绎及后世几代人的共同努力，楚国的疆土不断扩大，国力不断增强，从一个蛮荒小国逐渐发展成为春秋五霸之一。楚王带领人民克服苦境与磨难，立国安邦的故事，是中华文明历史上可歌可泣的创业典范，表现出中华文明面对艰难挑战依然能够砥砺向前的坚韧精神和文明品性。

**2. 上古之世，人民少而禽兽众，人民不胜禽兽虫蛇。有圣人作，构木为巢以避群害，而民悦之，使王天下，号曰有巢氏。**（《韩非子·五蠹》）

上古时期，人类社会生产力水平较为低下，为了躲避野兽的侵袭，人们只能被迫居住于潮湿、昏暗的洞穴。此时，有巢氏带领人民使用木头搭建住所，摆脱了原始的穴居生活，使人们的居住环境从阴冷的洞穴转移到平坦开阔的大地上，获得了广阔的居住空间，极大改善了人们的生活质量。有巢氏构木为巢是中华文明历史上重要的转折点，自此以后，人们开始拥有固定的居住地点，生存环境得到了保障，在这一基础上，人与人之间开始交流、学习，为社会生产力的进步和农业文明的兴起提供了有利条件。

**3. 民食果蓏蚌蛤，腥臊恶臭而伤害腹胃，民多疾病。有圣人作，钻燧取火以化腥臊，而民说之，使王天下，号之曰燧人氏。**（《韩非子·五蠹》）

在火源发现之前，人类只能被迫吃生冷的食物，过着茹毛饮血的生活，这种生活方式往往伴随着健康风险，危害人们的生命安全。燧人氏通过摩擦木头，发现了火源，从而得以支配和使用火。火的发现极大地改变了人类的生活方式，对中华文明产生了深远的影响。人工取火帮助人们抵御野兽侵害，提高狩猎能力，增加了食物来源，同时，人类借助火来烹饪食物，去除食物的腥臊，有效解决了人类的饮食健康问题。从火源发现的那一刻起，中华文明的历程进入了崭新的阶段，人们使用火源，开垦荒地，铸造农器，促进了社会生产力的发展，为刀耕火种的农业文明的产生奠定了基础。

**4. 古者包羲氏之王天下也，仰则观象于天，俯则观法于地，观鸟兽之文，与地之宜，近取诸身，远取诸物，于是始作八卦，以通神明之德，以类万物之情。**（《周易·系辞下》）

上古时期，伏羲通过对天地、日月、山川、草木、鸟兽等自然现象以及人文社会的各类观察，贯通神明的德性，比类万物的情状，从而画出八卦。八卦为乾、坤、震、巽、坎、离、艮、兑，分别象征天、地、雷、风、水、火、山、泽。这八卦不仅象征着自然现象，同时也象征着人类社会。伏羲将阴阳、五行等理念以刚柔并济的形式融合进八卦之中，以追求人与自然、人与人以及人与自身的和谐，尽览物性、穷探天理、洞悉人事，具有很强的象征意义，表达了中国古代对于宇宙和世界的理解，体现了中华文明独特的世界观和哲学思维方式。

## 5. 西陵氏之女嫘祖，为黄帝元妃，始教民育蚕，治丝茧以供衣服，后世祀为先蚕。（《资治通鉴外纪》）

嫘祖是西陵氏之女，轩辕黄帝的正妃，发明了原始的养蚕缫丝技术。《嫘祖圣地》碑文中写道，嫘祖"首创种桑养蚕之法，抽丝编绢之术"，通过养殖蚕虫，种植桑树，带领族人用蚕丝制作丝织衣物，改善了原始部落的生活质量，推动了中国古代丝织技术的发展，展现了中国古代劳动人民的智慧，因此，嫘祖也被后世尊为"先蚕娘娘""先蚕圣母"。作为蚕丝织物的发源地，中国一直是世界上的丝绸生产大国，到了汉朝，汉武帝派遣张骞出使西域，将中国的丝绸等纺织品带到西域各国进行贸易，开辟了中国古代的丝绸之路。

## 6. 民有疾病，未知药石，炎帝始味草木之滋，察其寒、温、平、热之性，辨其君、臣、佐、使之义，尝一日而遇七十毒，神而化之，遂作方书上以疗民疾，而医道自此始矣。（《纲鉴易知录》）

上古时期，人类社会没有很好的医疗技术手段，因此经常被疾病所扰。为了改变这一状况，神农氏开始云游四方，遍尝百草，观察它们寒、温、平、热等药性，在这个过程中，神农曾多次尝到具有毒性的草药，但他却没有因此放弃，而是将它们连同其他草药一起一一记录下来。在当时的历史背景下，人们对于自然的认识非常有限，神农通过实地考察、亲身实践的方式，提高了当时的医疗技术水平，为人类提供了宝贵的医疗资源，是中国古代医学的最初奠基。同时，神农在尝验百草的过程中所表现出的无畏的探索精神和严谨的科学态度，也为后世的科学研究树立了一个典范。

**7. 禹伤先人父鲧功之不成受诛，乃劳身焦思，居外十三年，过家门不敢入。薄衣食，致孝于鬼神。卑宫室，致费于沟淢。陆行乘车，水行乘船，泥行乘橇，山行乘檋。左准绳，右规矩，载四时，以开九州，通九道，陂九泽，度九山。（《史记·夏本纪》）**

自古以来，中华民族经常遭到水患的威胁，因此，尧帝任命禹的父亲鲧治理水患，随着时间过去，洪水未能得到平息，鲧也因此被放逐至羽山，最终葬身于此。在这样的背景下，大禹接过父亲的职务，代替父亲治理洪水。在治水的过程中，大禹殚精竭虑，不敢有一丝懈怠，《孟子》中描述其"八年于外，三过其门而不入"，经过长时间的努力，大禹最终成功疏通水道，引导河水顺利流入东海，有效缓解了水患对于中华民族的威胁。大禹在治水过程中所表现出来的勇气、毅力和智慧，展现了中华民族不畏艰险、敢于斗争的宝贵品质，已然成为中华民族精神的象征。

8. 北山愚公者，年且九十，面山而居。惩山北之塞，出入之迂也，聚室而谋，曰："吾与汝毕力平险，指通豫南，达于汉阴，可乎？"杂然相许。其妻献疑曰："以君之力，曾不能损魁父之丘，如太行、王屋何？且焉置土石？"杂曰："投诸渤海之尾，隐土之北。"（《列子·汤问》）

本段讲述的是中国古代愚公移山的故事。移山的任务虽然艰巨，但在愚公看来却并非不可能完成，面对智叟的嘲笑，愚公的回答是："虽我之死，有子存焉；子又生孙，孙又生子；子又有子，子又有孙：子子孙孙，无穷匮也，而山不加增，何苦而不平？"虽然仅仅依靠个人的力量难以完成移山的任务，但是通过生命的延续和文明的传承，任何艰难的挑战都可以战胜。愚公的行为表现出中国古代劳动人民百折不挠、艰苦奋斗的伟大精神，体现了中华文明锲而不舍、始终如一的高贵品质，对中华民族精神起到了重要的塑造作用。

9. 天命玄鸟，降而生商，宅殷土芒芒。古帝命武汤，正域彼四方。

方命厥后，奄有九有。商之先后，受命不殆，在武丁孙子。武丁孙子，武王靡不胜。

龙旗十乘，大糦是承。邦畿千里，维民所止，肇域彼四海。

四海来假，来假祁祁。景员维河。殷受命咸宜，百禄是何。（《诗经·玄鸟》）

本段描写的是商汤王征战四方，安定天下的场景，表达了对商汤的敬仰以及对商王朝的赞颂。诗歌首句中的"玄鸟"是商崇拜的对象，"天命玄鸟，降而生商"通常被用来形容商朝的起源，认为商朝的兴起是天命所归，以此来表明政权的合法性。在中国古代，类似于玄鸟这样的图腾还有很多，如《史记·五帝本纪》中提到的熊、罴、貔、貅、貙、虎等，这些图腾往往具有不同的文化意义，并带有一定的原始宗教性质。不同类型的图腾以及在此基础上产生的图腾崇拜，源自原始部族对神秘自然的困惑与敬畏，是一种对自身生命的追问以及对自身存在的确证，也是中华文明生命意识觉醒的体现。

10. 呜呼！丕显哉，文王谟！丕承哉，武王烈！启佑我后人，咸以正罔缺。尔惟敬明乃训，用奉若于先王，对扬文、武之光命，追配于前人。（《尚书·君牙》）

本段意在歌颂周文王、周武王伟大的功德，同时勉励后人谨记先王教导，继承先王基业。周文王和周武王是周朝的奠基者，同时也是中华文明历史上的圣明君王，孔子称赞其"一张一弛，文武之道也"。在治理国家方面，周文王和周武王能够施行德教，慎用刑法，知人善任，敬贤礼士，罚当其罪，以此显示于人民，因此能够安邦定国，获得人民的尊敬与推崇。周文王与周武王以身作则，言传身教，不仅创造了伟大的文明成就，而且对后世产生了深刻的影响，成为中华文明历史上彪炳千古、垂范百世的政治典范。

## 第二节　法天则地，创业垂统

**1. 泰古二皇，得道之柄，立于中央；神与化游，以抚四方。是故能天运地滞，轮转而无废，水流而不止，与万物终始。**（《淮南子·原道训》）

泰古二皇指伏羲、神农，在一些神话体系中，他们被认为是中华文明的始祖。伏羲、神农根据"道"的准则，与天地融为一体，以此来顺应天地的运转，引导万物始终不绝。这里所说的"道"，具有无为无形的性质，深不可测，难以捉摸而又无处不在，是宇宙中最精妙的存在，构成了万物生存变化的根据。尽管"道"看不见、摸不着，但它却在无形之中化生万物，这就是"道"之"德"。人体悟了"道"的属性和原则，就能够更好地治理世间万物。伏羲、神农正是以"道"为根本，将"道"的准则运用于自然和人类社会之中，顺应天地万物的规律，与自然和谐共生，从而奠定了人间政治的基础。

**2. 苟为善，后世子孙必有王者矣。君子创业垂统，为可继也。若夫成功，则天也。君如彼何哉？强为善而已矣。**（《孟子·梁惠王下》）

君子建功立业，不仅要考虑自身的利益，也要考虑为后代留下可以继承的基业。君子的功业正是在不断传承中得到发展的，如果能够坚持推行善政，那么在后世的子孙当中，就一定会有能够称王于天下之人，如此，君主所开创的基业，就可以世世代代传承下去。在这个过程中，虽然也有天命等偶然因素在发挥作用，但人的主观行为仍然占主要地位。君子的基业之所以能够世代传承，其关键就在于"为善"，即常怀仁爱之心，在日常生活中不断修养自身的品行和德性，乐善好施，如此，基业才是"可继"的，这便是君子创业垂统的意义。

**3. 维昔黄帝，法天则地，四圣遵序，各成法度；唐尧逊位，虞舜不台；厥美帝功，万世载之。**（《史记·太史公自序》）

黄帝是中国古代部落联盟的首领，因有土德之瑞，故号黄帝。四圣分别为颛顼、帝喾、尧、舜，《史记》

中将他们与黄帝并称为五帝。黄帝是中华文明历史上的圣明帝王，在讨伐蚩尤、获得天下诸侯拥戴之后，便开始带领人民播种百谷、驯养鸟兽、测定历法，建立了一套完整的人伦秩序。这些秩序被后世的帝王继承，形成了各自的法度，便有了司马迁所说的"厥美帝功，万世载之"。在一些著作中，黄帝被视为中华文明的人文初祖，是古代社会的典范与楷模，他效法天地，创业垂统，开创了中华文明的伟大基业。

### 4. 若考作室，既厎法，厥子乃弗肯堂，矧肯构？厥父菑，厥子乃弗肯播，矧肯获？厥考翼其肯曰："予有后，弗弃基。"肆予曷敢不越卬敉宁王大命？若兄考，乃有友伐厥子，民养其劝弗救？（《尚书·大诰》）

本段中包含了两个比喻：如父亲建造房屋，已经完成了前期准备工作，做儿子的却不愿意去打地基，又怎么能够完成房屋的建造呢？如父亲开垦荒田，做儿子的却不愿意去播种，又怎么能够收获庄稼呢？按照这种逻辑，做父亲的如果希望自己的后代继承自己的事业，完成自己未能完成的使命，就必须以身作则，继承先人的意志，努力完成前代人未竟的目标。在这个过程中，每个人都处在承前启后的关键位置，因此，个人对于家庭和社会的责任感至关重要。正是在强烈社会责任感和深厚民族认同的共同影响下，中华民族才能够在历史发展中薪火相传，绵延不绝。

**5. 王懋昭大德，建中于民，以义制事，以礼制心，垂裕后昆。（《尚书·仲虺之诰》）**

本段讲述的是君主垂裕后昆的为政之道。一方面，君主必须"以义制事"，即以义裁断事物，不偏不倚，公正无私。另一方面，君主必须"以礼制心"，即以礼规范内心，为人和顺，遵守礼仪。二者互为表里关系，一个人的内心状态通过外在的行为表现出来，只有内心端正，才能做到秉正不阿，行法无私；同样，外在的行为也会影响内心的情感体验，反映出真实的心理状态。因此，君王治理国家，最重要的是礼义并重，在内遵守礼仪的规范，在外坚持正义的原则，做到言行一致，知行合一，以此建立中正之道，昭显光大的德性，如此才能垂范后世。

**6. 尧知子丹朱之不肖，不足授天下，于是乃权授舜。授舜，则天下得其利而丹朱病；授丹朱，则天下病而丹朱得其利。尧曰"终不以天下之病而利一人"，而卒授舜以天下。（《史记·五帝本纪》）**

尧帝在晚年选择接班人时，认为自己的儿子丹朱愚顽不肖，因此决定将帝位传让于舜。他将自己的两个女儿嫁给舜，并对舜进行为期三年的考察。三年之后，尧认为舜已经具备统治部落联盟的能力，因此正式传位于舜，这便是中国古代禅让制的最初表现形式。禅让制是上古时期的一种权力继承制度，部落联盟的首领会将帝位禅让给贤能之人。相比于世袭制，禅让制不以血缘关系为依据，而是更倾向于将统治权交由有德之人。作为一种权力继承方式，禅让制体现了平等、公正的精神与原则。在禅让制下，管理国家的统治者一般为品德高尚、德才兼备、被众人认可的贤良之人，这在一定程度上能够维护国家政权的稳定，提高国家的治理水平。

**7. 民匮于祀，而不知其福。烝享无度，民神同位。民渎齐盟，无有严威。神狎民则，不蠲其为。嘉生不降，无物以享。祸灾荐臻，莫尽其气。颛顼受之，乃命南正重司天以属神，命火正黎司地以属民，使复旧常，无相侵渎，是谓绝地天通。**（《国语·楚语》）

上古时期，专门有一类人负责人神之间的沟通，男的被称为觋，女的被称为巫。随着时间推移，人与神相互混杂，不能分辨名实。因此，颛顼帝命令重、黎二人，禁止地民和天神相互感通，使二者之间断绝往来，互不干涉，恢复正常的生活秩序，这一事件就是中国古代的"绝地天通"。"绝地天通"从根本上改变了中国古代的信仰体系，自此，政权与神权逐渐分离，人类不再信仰众神，而是回归到现实生活实践中，从而摆脱了原始的蒙昧状态。后世儒家、道家等诸学派在一定程度上吸收并融会了"绝地天通"的思想，并在此基础上发展出各自具有理论创造性的世界观和人生观。从"绝地天通"中我们可以发现中国古代对于天地人神的理解，对于我们理解中华文明的演进和发展具有重要意义。

8. "大上有立德,其次有立功,其次有立言。"虽久不废,此之谓不朽。(《左传·襄公二十四年》)

中国古代有"三不朽"论,"三不朽"分别为立德、立功、立言。唐代孔颖达在《春秋左传正义》中对"三不朽"做出了界定:立德谓"创制垂法,博施济众",立功谓"拯厄除难,功济于时",立言谓"言得其要,理足可传"。具体而言,一个人如果想要不朽于后世,有三种方法:首先是立德,即修身治心,树立圣明的德性;其次是立功,即建功立业,创立伟大的功绩;最后是立言,即著书立说,传播精深的思想。立德、立功、立言都是达到不朽境界的方法,但其中又以立德作为最高的层次,这是个人道德修养和德性生命的体现。人生的终极价值不在于肉体的长生或事业的永续,而在于德性的长存以及精神的延续,这也是中国古代不朽论的核心。

9. 下武维周,世有哲王。三后在天,王配于京。
王配于京,世德作求。永言配命,成王之孚。
成王之孚,下土之式。永言孝思,孝思维则。
媚兹一人,应侯顺德。永言孝思,昭哉嗣服。
昭兹来许,绳其祖武。於万斯年,受天之祜。
受天之祜,四方来贺。於万斯年,不遐有佐。
(《诗经·下武》)

本段是一首赞美周武王继承先王圣德的诗歌。《毛诗序》指出:"《下武》,继文也。武王有圣德,复受天命，能昭先人之功焉。"本诗首章点明周朝世代都有圣明的君主，歌颂三位先王的美德。中间四章赞颂武王、成王、康王等后世君主能够遵循祖辈的教导，继承先王的基业。最后一章以四方诸侯来朝相贺为结，升华主题，表达了对先王功业的赞颂和对周王朝的美好祝愿。在修辞手法上，本诗采用"顶针"的修辞手法，通过"王配于京""成王之孚""受天之祜"串联起整首诗歌，既使诗歌节奏婉转流美，层层递进，又点明了本篇承继先王德业、光耀后世子孙的中心思想。

**10. 且夫贤君之践位也，岂特委琐龌龊，拘文牵俗，循诵习传，当世取说云尔哉！必将崇论闳议，创业垂统，为万世规。故驰骛乎兼容并包，而勤思乎参天贰地。**（《难蜀父老文》）

汉武帝曾派遣司马相如出使巴蜀，疏导交通，开拓疆土，但此举遭到当地缙绅的反对，司马相如便作此文，告诫当地百姓不应目光短浅，畏苦畏劳。在文中，司马相如以两种不同的行为方式作为对比，认为君子建功立业，不应仅仅拘泥于琐碎的事物，循规蹈矩，迎合世俗，而应该采纳具有远见卓识的建议，创立伟大的事业，成为后世的典范。在这个过程中，君子必须广泛涉猎，勤于思考，达到"兼容并包""参天贰地"的境界。文章立意深刻，气势豪迈，赞美了大汉王朝"创业垂统""为万世规"的雄心壮志，表现出作者行"非常之事"，建"非常之功"的理想抱负。

## 第三节　慎终追远，礼仪之邦

**1. 鹦鹉能言，不离飞鸟；猩猩能言，不离禽兽。今人而无礼，虽能言，不亦禽兽之心乎？夫唯禽兽无礼，故父子聚麀。是故圣人作，为礼以教人，使人以有礼，知自别于禽兽。（《礼记·曲礼上》）**

人和动物的本质区别就在于人能知礼守礼，人之为人即是超越于人的自然动物本性之上，以礼培育人的崇高道德品性。中华文明早期，圣人制作礼乐，教化民众，驱散野蛮气息，开文明之风。礼的开创，使人从禽兽中真正脱离出来，因为禽兽的行为完全服从于它的生物性本能和欲望，但是人却不一样，人类除了自然属性之外，还有着禽兽所没有的社会属性和道德属性，这种社会属性和道德属性使得人类社会必须依靠一定的规范来正常运行。孟子曾言"人之所以异于禽兽者几希，庶民去之，君子存之"，这种礼义文明精神浸润在中华文明的精神气质中，培育了中华民族注重礼义教化的意识。

**2. 夫礼之初，始诸饮食，其燔黍捭豚，污尊而抔饮，蕢桴而土鼓，犹若可以致其敬于鬼神。（《礼记·礼运》）**

礼的本质在于运用外在的仪式活动去展现人的自然情感。礼起始于饮食仪式，古人以熟米饭和豚肉为祭品，用手捧水并敲击钟鼓，以表达对鬼神的敬重之意，隐含着对他人的尊重和感激之情以及对社会秩序和道德规范的重视之意。此处，"鬼神"隐喻具有崇高性的事物，通过简略但庄重的仪式，先民抒发了对崇高之物的向往，进而凝聚成一种敬重情感，这种敬重感融入中华文明的精神血脉中，塑造了中华文明优雅开化的气质，铸就了中华民族志存高远的民族品性。

**3. "夫礼，天之经也，地之义也，民之行也。"天地之经，而民实则之。则天之明，因地之性，生其六气，用其五行。气为五味，发为五色，章为五声。淫则昏乱，民失其性。是故为礼以奉之。（《左传·昭公二十五年》）**

礼是天道的原则，地道的正理，民众行动的依据。

人道行事在于符合天经地义的常理常义，因为天地人本质上相守同一义理，这种义理规定着天地人和谐一体。但人的五味、五色、五声之欲容易过度放纵，如果人的自然欲望膨胀，就会失去人的道德本性，破坏天地人和谐一体的状态，因此需以礼规范人的自然本性。本段突出了礼作为贯通天地人之间的桥梁的地位，将礼诠释为遵循天地法则、维护社会秩序的教化方式，蕴藏着中华文明对传统的尊重和对礼义观念的深刻理解。

**4. 曾子曰："慎终，追远，民德归厚矣。"（《论语·学而》）**

本段表明了中华文明不忘根本，注重民众德性教化的意识。"慎终，追远"是以审慎的态度对待生命的终结，追溯祖先的事迹。"民德归厚矣"强调由对前人的敬仰情感转变为培养民众个体的道德品性。中华民族对个体存在意义的理解与对先祖的感怀相连，通过感念先辈的恩泽和对过去的尊重，中华文明培育起不忘初心的历史意识和历史情感。在中国传统文化中，弘扬礼仪和尊重祖先是十分重要的价值观念，通过"慎终追远"意识的熏陶，中华民族不仅在行为上表现出对前人的尊重，同时也在心灵层面上继承了礼义之道，形成了一种"不忘其所由生"的家风、民风，维持着家国秩序和谐运转。

5. 子曰："恭而无礼则劳，慎而无礼则葸，勇而无礼则乱，直而无礼则绞。君子笃于亲，则民兴于仁；故旧不遗，则民不偷。"（《论语·泰伯》）

儒家文化自古重视君子人格的培养，强调美德品性的培育。在君子文化中，恭敬、慎重、勇敢、直率是修身的重要美德，但这四德如果缺乏礼的本义的指引，便会沦为倦怠、懦弱、盲从、刻薄等恶习。如果君子心怀仁爱，以做表率，民众便效仿而营造起崇德的社会氛围。本段中礼所表征的仁爱情感是美德的实质来源，美德之所以为美德，是因为展现了人自然而然的仁爱之情，通过强调礼对于美德培育的影响，彰显了中华文明既重亲缘情感，又重道德修身的个体意识，表达了中华文明对美德的追求。

6. 颜渊问仁。子曰："克己复礼为仁。一日克己复礼，天下归仁焉。为仁由己，而由人乎哉？"颜渊曰："请问其目。"子曰："非礼勿视，非礼勿听，非礼勿言，非礼勿动。"颜渊曰："回虽不敏，请事斯语矣。"（《论语·颜渊》）

儒家的实践工夫一方面以"仁德"解释人的本性，另一方面以"克己"和"复礼"作为达到仁德境界的实践途径。仁是儒家所尊崇的至上之德，是实现君子人格的基础美德，体现着人之为人的本性。通达于仁的途径全然在于个人自身内部，无须假借外力，进而通过克制自身的自然欲望，便可发扬仁的本义。仁德的践行要求复归礼，具体表现为视听言动等行为活动须依据礼节规范而行，通过礼仪唤醒自身心灵深处的仁爱情感。本段彰显了中华文明的自律意识和礼仪观念，深藏着中华文明对培育理想人格的重视。

**7. 於穆清庙，肃雍显相。**
**济济多士，秉文之德。**
**对越在天，骏奔走在庙。**
**不显不承，无射于人斯。（《诗经·清庙》）**

在中国传统文化中，祖庙是祭祀先祖、教化民众的庄严之地，承载着家庭、国家、民族的历史根源，维系着共同体的情感纽带。本段便描写了周王朝后世子孙祭祀周文王的场景，并借祭祀仪式歌颂周文王的丰功伟业。诗歌开头点明宗庙的庄严清净以及祭祀者的庄重肃穆，进而描绘了百官在宗庙里奔跑忙碌的场面，通过对宗庙、助祭者、与祭者等的描写，侧面衬托出周文王的伟大功业和圣明德性。本诗手法独特，语言鲜明，反映了中华文明以礼祭先贤的深刻主题，体现出中华民族慎终追远的文化精神。

**8. 礼者，谨于治生死者也。生，人之始也；死，人之终也。终始俱善，人道毕矣。故君子敬始而慎终。**

终始如一，是君子之道，礼义之文也。（《荀子·礼论》）

在中国传统文化的生命观中，生代表着生命的萌发光大，死代表着生命的沉淀终结，生与死并不意味着生命的完全割裂，既重生亦重死才合乎人之为人的大道。礼的作用在于谨慎处理生死之事，通过礼仪仪式，人以合乎道义的方式对待生死活动，使君子人格在礼义教化中得到熏陶。中华民族重视生命诞生的仪式和生命消逝的祭祀，体现出对生命的尊重和对死亡的庄重态度。"终始俱善"中"善"意味着合乎人道本性的自然情感及其圆融发挥，集中表达了中华民族对人的起源和终结的沉思，彰显了中华文明生死如一的崇高人性关怀。

## 9. 洋洋美德乎！宰制万物，役使群众，岂人力也哉？余至大行礼官，观三代损益，乃知缘人情而制礼，依人性而作仪，其所由来尚矣。（《史记·礼书》）

在理想的环境下，万事万物各处其位，和谐相生，民众开化，相合而待，这是一幅至善的愿景，但仅依凭自然人力无法实现，必须通过礼的教化达到这一目标。在夏商周三代，中华文明的礼仪体系已臻成熟，从礼的损益考察可知，礼包含着"礼"和"仪"两个部分。其中"缘人情而制礼"，即礼的本质重在对人的自然亲爱情感的表达；"依人性而作仪"，即依据人与生俱来的本性制定详细的礼仪规范，以展现人的自然情感。礼和仪共同构建了规范化的礼仪体系，成就了中华文明的千年礼仪文化。

**10. 至秦有天下，悉内六国礼仪，采择其善，虽不合圣制，其尊君抑臣，朝廷济济，依古以来。至于高祖，光有四海，叔孙通颇有所增益减损，大抵皆袭秦故。自天子称号下至佐僚及宫室官名，少所变改。（《史记·礼书》）**

周公基于上古遗留的习俗，以"援德入礼"的方式制定了规范化的礼仪体系，推动了中华文明礼仪的规模化发展。及至春秋时期，孔子以"仁"解释礼的本义，构建了形式和实质贯通的中华民族古代礼仪体系。至秦始皇统一六国，书同文，车同轨，因时继承了自古一脉相传的成熟的礼仪系统。及至汉代，也多沿袭秦代礼仪旧制，未做较大损益。在中国传统文化中，礼仪的作用在于辨名分位，规范秩序，教化万民，正是因其稳定性，中华文明在时势的基础上代代沿袭古礼，彰显了中华文明一以贯之的礼仪文化传承。

## 第四节　志道据德，继往开来

**1. 子曰："志于道，据于德，依于仁，游于艺。"**
（《论语·述而》）

儒家认为君子人格的养成意味着人本性的复归，修身工夫的目的也在于此。具体的实现路径可以分为四个方面，即"志于道""据于德""依于仁""游于艺"。道是最高的目标，"志于道"是对"据于德""依于仁""游于艺"的统摄，君子志在通达于道，不仅领悟道的真意，而且依道行事。德是实践道的方式，通过体悟道的本真而有所获得。在具体的行为方式上，君子以仁为本，而游憩于六艺之中，此处的艺指六艺，即礼乐射御书数六科，君子以此来培养自身乐学好学的品性和各种技艺。

四个方面相辅相成，内外统一，共同构成儒家"学以成人"理论的内在依据和可能。

**2. 子曰："朝闻道，夕死可矣。"（《论语·里仁》）**

本段体现了儒者对道的追求与向往之情，此处"道"意指作为万事万物本源的大道，是至高、至真的存在。"道"的概念是中国传统思想的逻辑起点，万物的生灭变化、人的生命意义无不在于顺应"道"的自然本性。"朝闻道"意在表明儒者对道的追求不计时辰，永不止息。"夕死可矣"则突出儒者对大道的价值认同和最终依归。通过"朝"和"夕"两范畴之对比，彰显了儒者追求真理高于个体生命的精神旨趣，凝聚为中华文明千年问道求道的价值取向。

**3. 道生之，德畜之，物形之而器成之，是以万物莫不尊道而贵德。道之尊也，德之贵也，夫莫之爵而恒自然也。道生之，畜之，长之，育之，亭之，毒之，养之，覆之。生而不有，为而不恃，长而不宰，是谓玄德。（《老子·五十一章》）**

道的特性在于自然而然、无为而无不为。这一特性体现于道对万物的生养活动之中，道并不独立于万物之外，而是内化于万物自身之中，以自然而然的方式化生、蓄养、保护着万物。"之"指代自然万物，道、德规定着万事万物的本质,具有生养抚育的作用。作为生命的本质,道是一种潜在性的存在,它的实现需要依赖于德的力量,德既是道的客体化原则,也是道的实现手段。道与德不以对抗性的态度主宰万物的生长,而是"生而不有,为而不恃,长而不宰",与万物和谐为一,以无为的方式推动万物的生灭变化,因此万物莫不尊道而贵德。

**4. 故形非道不生,生非德不明。存形穷生,立德明道,非王德者邪?荡荡乎,忽然出,勃然动,而万物从之乎!此谓王德之人。**(《庄子·天地》)

在道家看来,道是万事万物存在的根据和运动发展的动力,人的本质的实现就在于符合道的运行,一旦复归于道,人也自然成为盛德之人。具体而言,人的物质形体缺乏道就无法产生,生命活动缺乏德则无法明朗。道和德同为一体,相容而生,德是道的本质体现,万物依道而生便是最大的德性。生命丧失德的培育无法彰显活力,在这个基础上,道与德共同成为生命的根本依据。人遵照德的规定,复归于道,既彰显了德的作用,也发挥了道的本质,体现出生命"尊道而贵德"的价值特点,并由此而成为"王德之人"。

**5. 故君子尊德性而道问学,致广大而尽精微,极高明而道中庸,温故而知新,敦厚以崇礼。是故居上不**

骄，为下不倍。国有道，其言足以兴，国无道，其默足以容。《诗》曰："既明且哲，以保其身。"其此之谓与！（《礼记·中庸》）

在儒家看来，只有拥有至德的圣人，才能达到至道的境界，至道必待至德而后凝。礼仪三百、威仪三千的设立，是圣人之道在道德实践领域的具象化，也是天道在人类社会中的表现。君子谨遵圣人之道，按照一定的方式修身养德。具体而言，君子"尊德性而道问学"，这既是修德凝道的两个方面，同时也是统一的纲领。而后致广大、尽精微、极高明、道中庸、温故知新、敦厚崇礼，此为修德的一般工夫。君子尽乎此，则德无不修，道无不凝，不论处于怎样的地位，都可以保全自身，无所不宜，这即是儒家推崇的入德之门。

**6. 及夏之衰也，弃稷不务，我先王不窋用失其官，而自窜于戎、狄之间，不敢怠业，时序其德，纂修其绪，修其训典，朝夕恪勤，守以敦笃，奉以忠信，奕世载德，不忝前人。（《国语·周语》）**

本段描述周人后代承继且光大先辈功业之事。夏王朝末期，农务荒废，朝纪失序，周人先王率领民众远离故地，另辟新域。在百废待兴的情况下，周朝人民仍不忘歌颂祖先功德，承接祖先遗志，通过讲述先祖故事、纂修先祖典籍的方式，创造了更加辉煌的功业，使先祖之名广为流传。本段中"奕世载德，不忝前人"蕴含着中华文明继往开来的历史意识，在世世代代的传承中，中华文明承前启后，在继承前人功业的基础上，创造光明美好的未来。

### 7. 凤兮凤兮！何德之衰？往者不可谏，来者犹可追。（《论语·微子》）

本段表明中华民族先民对时势变迁的感慨，彰显着积极开拓的创新意识，其核心主旨在于反思往者的不可改变，同时激励世人追求尚未到来之事。"凤兮凤兮！何德之衰"之中的"凤"指代高尚的德行，该句表达了对德行衰落的感慨，蕴含着对德行的重视。"往者不可谏"表示过去的事实已经无法改变，对于已经发生的事情无法劝谏。"来者犹可追"，意在奋力创造未来，表达了对德行的持续追求。本段体现了中华文明对于历史往事的态度，通过对往者的不可谏，表明历史已经成为不可更改的过去，又强调来者犹可追，体现了对历史教训的汲取和对未来的积极期望。

### 8. 子在川上，曰："逝者如斯夫！不舍昼夜。"（《论语·子罕》）

孔子说明了时光如水流逝一般，永不停息，"不舍昼夜"突出时间消逝的急切性，这是自然运动的规律，不以人的意志为转移，体现了时光飞逝，人生无常的深刻主题。本段整体上凝结着中华文明对时间的思考，展现着时不我待、只争朝夕的斗争精神。中华文明继往开来的崇高情怀则显现在珍重时间的隐喻中，历史流动不止，中华民族怀着积极进取的决心，继承先辈的伟业，不断奋勇拼搏，砥砺前行。

9. 归去来兮！田园将芜胡不归？既自以心为形役，奚惆怅而独悲！悟已往之不谏，知来者之可追。实迷途其未远，觉今是而昨非。舟遥遥以轻飏，风飘飘而吹衣。问征夫以前路，恨晨光之熹微。（《归去来兮辞》）

《归去来兮辞》通过抒发归家之情，反思自身的境遇，表达了对往者的感慨和来者的期待。陶渊明"归去来兮"的长叹，意在抒发对自然宁静生活的向往之情和归附之意。"悟已往之不谏，知来者之可追"则表明不沉溺于无法更改的过去，而要挺立自身以追逐未来。这首抒情小赋语言优美，音节和谐，以田园生活为表象，凝聚着中华文明对宁静、淳朴、德行高尚的理想的追求。文章以往事和来者相对，映衬着中华文明鉴古知今的历史意识，既然往事已成定论，那便要打破既定的枷锁，追求充满希望的未来。

10. 既于圣人之所以继往开来者，无日夜而不发挥，又于世人之所以光前裕后者，无时刻而不系念。

(《焚书·答耿司寇》)

本段表明圣人既秉持继往的传承意识，又兼怀开来的拓新情怀。在儒家思想中，圣人表征着最完善的道德和最崇高的理想，是个体德性修养和外在事功伟业的统一体，体现着儒家"内圣外王"理想的实现。其中，"继往"即继承前人的伟大事业，"开来"即开辟未来的光明道路。圣人日日夜夜操心于继承先辈之事业，创造后世之文明，时刻着力于光大祖先功业，恩泽后世子孙。这种继往开来的意识贯通起中华文明绵延历史，内化于中华文明精神血脉中，直接塑造了中华文明不忘本来、开拓未来的意识。

# 第二章
## 生生不息的文化基因

中华文明凝聚着"究天人之际"和"通古今之变"的哲学智慧和历史理性，通过观察自然界和人类社会的各类现象，理解人与自然、人与人、人与社会之间的深层关系，在对天道的体悟中实现天人合一的理想境界，于世易时移中不断探寻历史发展的客观规律。在这个过程中，中华文明形成了自强不息、厚德载物的精神禀赋，内化为勤劳勇敢、积极进取、海纳百川、仁厚爱人等精神品质，使中华文明在历史变迁中既能保持初心，守正不移，又能兼收并蓄，博采众长，在文明的传承与发展中不断成长，表现出可久可大、富有日新的文明特征。从历史上看，中华文明以修齐治平、内圣外王作为最高的理想人格，强调在修身的基础上推己及人，实现齐家、治国、平天下的理想目标，这一目标是个人道德修养与社会责任的高度统一。中华文明的连续性不仅表现在悠久的历史上，而且体现为独特的哲学思维和价值理念，这些因素共同构成了中华文明生生不息的文化基因，成为中华文明薪火相传的重要精神之源。

## 第一节 究天人之际，通古今之变

**1. 亦欲以究天人之际，通古今之变，成一家之言。**
（《汉书·司马迁传》）

本段为司马迁自述自己的学术志趣与理想。"究天人之际"意即探究天道与人事之间的关系，在对立统一之中寻找天人关系的平衡，实现人与自然和谐共生；"通古今之变"是司马迁历史观的体现，即深刻审视历史事件的起因、经过和结果，对历史人物和事件进行客观评价，在古今变化中探寻历史发展的客观规律；"成一家之言"是司马迁的学术追求与最高价值目标，是在对天人关系、古今变化的沉思与考察之中，形成独特的思维方法和理论体系，为社会的发展和文明的进步提供自己的智慧。在司马迁之后，无数学者也秉持着"究天人之际，通古今之变，成一家之言"的信念与理想，投身于理论研究和学术事业当中，为中华文明的繁荣发展做出了卓越的贡献。

**2. 子曰："天何言哉？四时行焉，百物生焉，天何言哉？"**（《论语·阳货》）

孔子承认天有天道，此道是世间万物存在和发展的根本规律。对于天道应该保持敬畏之心，因为天是万事万物生存的根基，以无言的方式推动事物的发展。通过提出"天何言哉"的疑问，孔子肯定天道就是四季更替与万物生长的客观自然规律。作为自然法则的天道，不以人的意志为转移，它按照自身的规律不断地运行和发展。人作为自然界的一部分，一方面自身的发展也符合天道运行的规律，另一方面则有责任承担起天命赋予的重要使命。君子修身以知天命，按照自然规律进行活动，效仿天地，上达天道，进而实现天人合一的理想境界。

**3. 天行有常，不为尧存，不为桀亡。应之以治则吉，应之以乱则凶。**（《荀子·天论》）

天地自然有其自身运转的规律，这种规律不受个人意志的影响，不会因为人为的因素而发生改变。人生在世，要做的就是顺应自然规律，否则就会遭到上天的惩罚。天道的规律同样也反映在政治中，对于统治者而言，如果按照天道运行的规律来治理国家，那么就会风调雨顺，国泰民安；相反，如果违背天道运行的规律，则可能发生凶险的情况，给人民带来严重的灾难。因此，国家的治乱不在于天象的变化，而在于统治者的具体执政措施是否顺应了规律。荀子的这一论断表明人始终受到自然规律的影响和制约，因此必须清楚分辨天与人的关系，体现了中国古代对于自然规律的深刻认识以及天人关系的深入总结。

**4. 天有其时，地有其财，人有其治，夫是之谓能参。舍其所以参而愿其所参，则惑矣。（《荀子·天论》）**

天地自然有着丰富的资源，按照其时令变化无穷，人生于天地之间，能够遵循天地的准则，顺天而养地，这就是所谓与天地参。"参"即代表了人类对于天人关系的充分把握，清楚知晓天人之间的区别，在这个基础上，人类能够利用自然界的各种资源，维持自身有限的存在，实现可持续发展，这就是"人有其治"。作为主体性的存在，人不是被动、消极地面对自然，而是具有主观能动性，可以按照自己的意志行动，但是，人的行为必须符合一定的规范，这便是天道。荀子强调天地自然与人类之别，但并不是将天与人对立起来，而是认为人能够充分发挥自身的主观能动性，顺应自然的规律，做到"制天命而用之"，这也是荀子天人关系论的核心观点。

5. 天之道，其犹张弓与？高者抑之，下者举之；有余者损之，不足者补之。天之道，损有余而补不足。人之道则不然，损不足以奉有余。孰能有余以奉天下？唯有道者。是以圣人为而不恃，功成而不处，其不欲见贤。（《老子·七十七章》）

本段讨论了天道与人道的不同之处，并提出效法自然、天人和谐的思想主张。老子以弓箭为喻，认为天道的规律如同弯弓射箭，弓高了就压低一些，弓低了就抬高一些，弦拉得太满就放松一些，力量不足就补充一些。因此，所谓天道，就在于减损多余的部分来补充不足的部分。老子肯定天道规律，认为其不偏不倚，量度取中，因此能够使万物保持平衡，各安其所。但是，人道的规律却不同于天道，人道减损不足来供奉有余，老子对此提出了批评，认为这种现象违背了自然规律，容易产生极端情况，对人造成损害。与儒家所主张的"中庸"之道类似，老子的天人之道强调在动态中保持适中平衡，实现人与自然的和谐发展。

6. 天下大乱，贤圣不明，道德不一。天下多得一察焉以自好。譬如耳目鼻口，皆有所明，不能相通。犹百家众技也，皆有所长，时有所用。虽然，不该不遍，一曲之士也。判天地之美，析万物之理，察古人之全，寡能备于天地之美，称神明之容。（《庄子·天下》）

本段是对于先秦诸子百家学说的评议。由于天下大乱的现实情况，圣人的学说晦暗不明，道德之理无法统一，天下学者大多各执己见，莫衷一是，如同耳朵、眼睛、鼻子、口等感觉器官，各有知觉但不能互相通用。因此，作者对当时流行的各种学说提出了批评，认为其尽管"皆有所长，时有所用"，但是看待问题片面而又不完善，偏执于自己的私见，反而离大道越来越远，因而造成"道术将为天下裂"的局面。通过对各家学派思想的评价，作者表达了自身"判天地之美，析万物之理，察古人之全"的学术理想以及在割裂和混沌中寻求创造和超越的学术旨趣。

### 7. 疑今者察之古；不知来者视之往。万事之生也，异趣而同归，古今一也。（《管子·形势》）

万物的发展遵循道的原则，这个道是天地自然的规律，其理论内涵是一致的，但运用起来各不相同。有的人能够闻道而治理好家庭，有的人能够闻道而治理好国家，有的人能够闻道而治理好天下，有的人能够闻道而使万物各得其所。天道运行有其自然的规律，不以人的意志为转移，但是，人们发挥自身的主观能动性，去主动认识和把握天道，就能够发现隐藏于天道背后的客观规律。《管子》指出，对于当下有疑惑的事情可以考察古代，对未来不了解则可以考察过去，万物的本性、内容虽有不同，但同归于一道，从古到今都是这样，认识了道的规律，顺势而为，就能够获得成功。

**8. 夫作为书论者，所以纪纲道德，经纬人事，上考之天，下揆之地，中通诸理。虽未能抽引玄妙之中才，繁然足以观终始矣。**（《淮南子·要略》）

本段为《淮南子》作者自述其著书立说的目的。作为一本理论著作，《淮南子》在上研究天道变化的规律，在下考察大地万物，在中间贯通各方之理，以此整治道德，治理人间之事。《淮南子》既言"道"，又言"事"，从天、地、人的关系中探究社会问题，分析其原因，寻求其解决方式。在作者看来，如果只言"道"而不言"事"，就无法与社会共处，反之，只言"事"而不言"道"，就无法顺应自然的变化，因此，《淮南子》通过"道""事"结合的叙述方式，贯通起一条天人之道。《淮南子》的著书理念透露出强烈的现实关怀，与司马迁"究天人之际，通古今之变"的历史精神有着异曲同工之妙。

**9.《春秋》大一统者，天地之常经，古今之通谊也。**（《汉书·董仲舒传》）

董仲舒引《春秋》之义，提出大一统的理论。大即推崇之意，董仲舒认为，《春秋》推崇统一之道，这是天地间永恒的原则，也是古往今来应该遵循的道理。孔子作《春秋》，就已经内在表达了贯通古今天人之道，即"上揆之天道，下质诸人情，参之于古，考之于今"，《春秋》大一统所要表达的内容，实际上就是在天人秩序下天道与人道的统一。但是在现实条件下,老师所传授的道理彼此不同,各家学派研究的方向各异,在上的统治者不能掌握统一的标准,在下的百姓不知应该如何遵守,正是在这样的思想背景下,董仲舒提出大一统应该遵循的原则,即"诸不在六艺之科孔子之术者,皆绝其道,勿使并进",由此奠定了中国古代儒学的正统地位。

**10. 夫天人之量别矣,而见天于人者,其道在知;天人之事殊矣,而以人法天者,其道在行。知行各全其本量,而人通于天;知行各臻其极至,而天即在我矣。**(《四书训义》)

王夫之从知行观的角度论述了"天人不二"的观点。在王夫之看来,天人之间量别事殊,在行为方式上存在着差别,但是从本性而言却没有不同,通过知与行的效用,可以沟通起天人之道。王夫之所说的知即"见天于人",行即"以人法天",知是天道在人身上的显现,人以此达到对天道的自觉体认,行是人在实践活动中对天道效仿和呈现。人具有主观能动性,通过知行并进,发挥自己的知行功能,以求认识和把握天道,将这种知天相天的活动发挥到极致,就能够将天道在人身上表现出来,实现知天以合天之功,达到天人合一的理想境界。

## 第二节　自强不息，厚德载物

**1. 天行健，君子以自强不息。（《周易·乾》）**

本段为《周易》乾卦的象辞。乾卦象征天道，天道之健，周而复始，君子应当效仿天道，保持积极进取的精神，自强不息，奋发图强。这不仅是一种积极有为的人生态度，同时也是实现自我价值的需要，体现的是坚韧不拔的高尚品质和矢志不渝的坚定信念。这样的人生观和价值观不仅对个人的成长影响深远，而且对社会的发展和文明的进步也同样重要。缺少了自强不息的精神与品质，文明就如同无源之水、无本之木，失去了生机与活力。在数千年的文明传承与发展中，自强不息已然凝聚为中华民族的核心民族精神，成为中华文明生生不息、繁荣发展的重要精神源泉。

## 2. 地势坤，君子以厚德载物。（《周易·坤》）

本段为《周易》坤卦的象辞。坤卦象征大地，与天道的刚健不同，地道之势，宽厚和顺，因此，大地承载万物，滋养众生。君子生于天地之间，应当效仿大地之道，秉持宽广的胸怀，以平等、宽容的态度对待他人，海纳百川，包容万物。随着历史的发展，厚德载物不断被赋予新的价值内蕴，其所表现出的开放包容、兼收并蓄的博大胸襟，成为中华文明屹立于世界文明之林的重要原因之一。在一次次的文明交流交往中，中华文明始终秉持着平等和谐、开放包容的态度，兼收并蓄、博采众长，不断为文明的进步发展注入新的养分。

## 3. 子曰："三军可夺帅也，匹夫不可夺志也。"（《论语·子罕》）

中国古代向来重视人的志向，它不仅涉及人的理想、意志和节操，而且关乎人们后续的价值选择、道德实践、理想人格等重要问题。孔子强调志向的重要性，认为军队可以改变将帅，但人的志向却不可随意更改，即使是身处艰难的环境中，也不能轻易放弃自己的理想，应该秉持矢志不渝的决心，坚定信念，迎难而上。关于志的对象和内容，孔子也曾多次论及，如"志于道，据于德，依于仁，游于艺""苟志于仁矣，无恶也""吾十有五而志于学"，具体而言，志向可分为三个层次，即"志于学""志于仁"和"志于道"，其中又以"志于道"为最高的要求和目标。

**4. 曾子曰："士不可以不弘毅，任重而道远。仁以为己任，不亦重乎？死而后已，不亦远乎？"（《论语·泰伯》）**

曾子认为，有理想有抱负的人，必须宽宏勇毅，这是因为他们身上肩负着重要的任务，而实现理想抱负的道路注定艰苦遥远，士人必须以"仁"为己任，即使面对挫折与困难也决不放弃，为实现自身的理想而终身奋斗。儒家文化强调"内圣外王"，认为人应该不断修养自身德性，实现治国平天下的社会理想。在曾子看来，要实现这一目标，必须先树立远大的志向，这是后续一系列实践活动的基础和保障。曾子的观点体现了一种坚毅刚强的人生观和价值观，为人们的道德实践提供了最高的价值取向，在这个基础上，个人的修养活动就不仅关乎自身的道德水平，而且影响整个国家社会的发展。

**5. 舜发于畎亩之中，傅说举于版筑之间，胶鬲举于鱼盐之中，管夷吾举于士，孙叔敖举于海，百里奚举于市。故天将降大任于是人也，必先苦其心志，劳其筋**

骨，饿其体肤，空乏其身，行拂乱其所为，所以动心忍性，曾益其所不能。（《孟子·告子下》）

孟子以舜、傅说、胶鬲、管夷吾、孙叔敖、百里奚等人的故事为例，认为当上天赋予人们重要的任务和使命时，必定先让其经历一系列的磨难。这些磨难不是为了使人消沉萎靡，而是为了考验一个人的意志和决心，只有拥有坚定的毅力和克服困难的勇气，才能在挫折之中成长。孟子指出，人生的道路并不会一帆风顺，相反，个人的事业总会遇上困难与挑战。圣人与普通人的区别就在于，圣人能够在挫折之中坚持本心，坚定意志，不断修养自身，培养坚忍不拔的品质，从而获得全面的成长和提升。孟子对于人生磨难的看法反映了中华文明自强不息、奋勇拼搏的人生观和价值观，激励后世在面对挫折与困难时艰苦奋斗，砥砺前行。

6. 青青园中葵，朝露待日晞。
   阳春布德泽，万物生光辉。
   常恐秋节至，焜黄华叶衰。
   百川东到海，何时复西归？
   少壮不努力，老大徒伤悲！（《长歌行》）

本诗从园中之葵和叶上之露着笔，描绘出春天生机盎然、欣欣向荣的美丽景象。前四句在字面上是赞美春天的优美景色，但实际上是以春天比喻人生的少年时光，认为人的青春如同一年之中的春天一样美好。紧接着，诗歌从时序变换入手，点明秋来叶落、百川东流的自然规律。第五至八句以"恐"字为统领，表达了作者对于青春短暂的感慨和惋惜。在诗歌结尾处，诗人发出了"少壮不努力，老大徒伤悲"的感叹，意在告诫人们珍惜少年时光，不要等到老了之后才后悔莫及。全诗以景寄情，由情入理，通过对园中青葵、朝露、秋叶、川流等意象的描写，点明了时光易逝的深刻主题，同时又鼓励人们努力拼搏，奋发向上，展现出自强不息、积极有为的人生态度。

## 7. 上善若水，水善利万物而不争。处众人之所恶，故几于道。居善地，心善渊，与善仁，言善信，正善治，事善能，动善时。夫唯不争，故无尤。（《老子·八章》）

在老子看来，至善如同水一般，一方面，水以其柔弱的特性滋养万物，却不与万物争夺名利；另一方面，水往低处流，处于所有人都厌恶的地方，但又不因此生怨，而是顺应自然，坦然接受。因此，水是最接近于道的事物。"居善地，心善渊，与善仁，言善信，正善治，事善能，动善时"是借用水的特点，表达做人的规范。老子以水为喻，认为做人应当像水一样，在与人为善的同时，与世无争，始终保持谦恭的姿态，只有这样才能体悟"道"的本真。"上善若水"是道家人生哲学的集中体现，其所提倡的谦逊恭谨、顺天应人的人生观和价值观，是中华文明厚德载物特点的完美诠释。

**8. 石可破也，而不可夺坚；丹可磨也，而不可夺赤。**（《吕氏春秋·季冬纪》）

"坚"和"赤"是石头和丹砂的根本属性，这种属性是事物生来所固有的，不会因为外部条件的改变而发生改变，因此，石头可以破裂，但不会改变其坚硬的性质；丹砂会被磨损，但改变不了其赤红的颜色。君子洁身自好，其名节操守如同"石之坚""丹之赤"一样，不会被玷污。本段以物喻人，将个人的道德修养和内心的理想信念视为做人的根本，不管外部环境如何变化，人生道路如何曲折，人的理想和信念都不应该发生改变。生命的意义，不在于外在欲望的实现，而在于对理想的追求和本心的坚守。在面对纷繁复杂的局势时，应当保持初心，坚定信念，以坚贞不屈的态度迎接困难与挑战，实现人生的价值。

**9. 昔西伯拘羑里，演《周易》；孔子厄陈蔡，作《春秋》；屈原放逐，著《离骚》；左丘失明，厥有《国语》；孙子膑脚，而论兵法；不韦迁蜀，世传《吕览》；韩非囚秦，《说难》《孤愤》；《诗》三百篇，大抵贤圣发愤之所为作也。**（《史记·太史公自序》）

司马迁曾因李陵事件受宫刑而入狱，在狱中受到生理和心理的双重摧残，在《报任安书》中，司马迁提到这件事情使他"肠一日而九回，居则忽忽若有所亡，出则不知其所往。每念斯耻，汗未尝不发背沾衣也！"然而，尽管在狱中承受了极大的痛苦，司马迁依然以坚强的意志完成了《史记》的写作。本段中所提及的人物皆遭遇了人生中的重大变故，但是在困顿之际，他们仍然发愤忘忧，实现了生命的价值。司马迁借助这些故事，不仅表达了对他们的赞扬，同时也是勉励自己奋发图强，锐意进取，正是以这样的决心和毅力，司马迁才能在狱中写就"史家之绝唱，无韵之《离骚》"的《史记》。

**10. 神龟虽寿，犹有竟时；腾蛇乘雾，终为土灰。老骥伏枥，志在千里；烈士暮年，壮心不已。盈缩之期，不但在天；养怡之福，可得永年。幸甚至哉，歌以咏志。（《龟虽寿》）**

本诗写于曹操北伐乌桓胜利回师之时，此时曹操已经五十三岁，接近暮年，回首自己的一生，诗人发出无限的感慨。诗歌开头以神龟、腾蛇为喻，二者拥有极长的寿命，但终究无法摆脱生老病死的自然规律。紧接着，诗人将视野从自然界转至个人，认为个人对于生命的态度决定了他生命的价值，人生尽管有限，但只要怀抱远大的理想和坚定的信念，哪怕迟暮之年，仍然可以建功立业，有所作为。在诗人看来，人的寿命并不完全取决于天，一个人不应该因为年龄的增长而消沉，后天的修养和调理也可以影响生命的状态。本诗慷慨激昂、雄健深沉，表现出诗人自强不息、砥砺奋发的进取精神和乐观向上、积极有为的人生态度。

## 第三节　可久可大，富有日新

**1. 乾以易知，坤以简能；易则易知，简则易从；易知则有亲，易从则有功；有亲则可久，有功则可大；可久则贤人之德，可大则贤人之业。易简而天下之理得矣。天下之理得，而成位乎其中矣。**（《周易·系辞上》）

易、简分别是乾卦、坤卦的特性。易则容易理解，从而引起人们的认同和亲近，这样的关系才能够持久稳定。简则容易遵从，从而取得实际的功绩，这样才能够成就伟大的事业。《周易》认为，乾、坤交感，化生万物，构成易道的核心，因此，把握了易、简，实际上就把握了天下之理，进而成位于天地之中。具体而言，易是为人之道，简是治事之道，合而为一则为处世之道，君子正是遵循此道，以德配天，才能完成持久广大的功业。《周易》的易简之道不仅是本体论层面的宇宙生成论，同时也是君子进德修业的方法论指导。后世学者在易简之道的基础上，不断进行理论创新和实践创新，使之成为中华文明"可久可大"的生动诠释。

**2. 富有之谓大业，日新之谓盛德。**（《周易·系辞上》）

《周易》将宇宙看作是一个生生不息的过程，具有自我创生、自我发展、自我更新的能力。阴阳之气充塞宇宙，是化生万物的根本之道，此道隐藏于日常受用之中，君子开显即为仁，这就是所谓盛德大业。盛德大业的根本在于富有和日新。富有即丰富具足，无所不有，这不仅是物质层面的富有，更是精神层面的追求。日新即日日更新，自我超越，不断进步，《礼记·大学》中提到"苟日新，日日新，又日新"，君子修身，培养德性，因而能够日新其德。本段是《周易》对于人生价值和社会发展的总结，强调在开创伟大功业的同时，注重个人德性生命的修养，进德修业，富有日新。

**3. 曾子曰："吾日三省吾身——为人谋而不忠乎？与朋友交而不信乎？传不习乎？"**（《论语·学而》）

在中国传统文化中，儒家特别重视自我反省，认为反省是一种积极的道德修养方法,有助于个人的成长和发展。曾子提出了反省的三个方面。其一为帮助他人做事,是否尽心竭力,这是人际关系的准则;其二为与朋友交往,是否言而有信,这是与朋友相处的原则;其三为老师传授的知识,是否及时复习,付诸实践,这是对待学习的方式和态度。通过反省,人们在日常生活中审视自我,发现自身的不足,见贤思齐,改过迁善。中国传统文化中的自省精神,使中华文明在一次次自我反思中实现更新与进步,推动文明的传承与延续。

**4. 天长地久。天地所以能长且久者,以其不自生,故能长生。是以圣人后其身而身先,外其身而身存。非以其无私耶?故能成其私。**(《老子·七章》)

老子指出,天地之所以能够长久地保持自身存在,是因为它不是为了自己的生存而运转,因而能够获得长久的生存。老子将天地之道引入人事之中,认为圣人效仿天地运行的规律,不与人争功夺利,因此能获得最大的利益。尽管每个人都具有利己的欲望,但人生的价值并不在于个人利益的满足,相反,圣人能够摒弃人性的自私,达到无我的境界,将自己置身事外,因而能够保全自身。在老子看来,自私与无私并不是截然对立的关系,二者是相互转化、辩证统一的。当人们抛弃自身的欲望,回归本心,顺应自然,就能够达到无私而成其私的境界,这也是老子对于宇宙和人生的看法。

**5. 一年之计，莫如树谷；十年之计，莫如树木；终身之计，莫如树人。**（《管子·权修》）

人才的培养无论在什么时期都是重要的现实问题。在《管子》看来，不同的时间跨度应该规划不同的事情：如果希望一年内有所收获，应该播种谷物；如果希望十年有所收获，应该种植树木；如果希望终身有所收获，应该培养人才。本段以不同的时间维度进行对比，指出人才的培养具有长期性、持久性。国家的繁荣进步离不开人才，人才是国家发展的重要战略资源。纵观历史，凡是国泰民安、繁荣昌盛的时代，必然以大量的人才储备作为基础；凡是民生凋敝、国家衰败的时期，必然以人才的凋零作为开端。人才的培养是一项长期且艰巨的任务，但它带来的效益却是深远长久的，对人才的重视和培养是中华文明"可久可大"的重要原因之一。

**6. 可久可大，其唯学欤！所以孔丘言："吾尝终日不食，终夜不寝，以思，无益，不如学也。"**（《诫当阳公大心书》）

本段是南朝梁简文帝萧纲写给儿子的一封书信，在信中，萧纲指明了学习的重要性，告诫儿子做人必须首先立志于学。学习讲究方法，如孔子所言"学而不思则罔，思而不学则殆"，思考与学习是一体之两面，只学习不思考或是只思考不学习，都会对人有所损害，只有学思结合，才能有所收获。学习伴随人的一生，通过学习，人们获取知识，理解世界，由无知进入知的状态。个人的道德修养、实践活动都以学习作为基础，同时，在实践活动中，人们又对学习到的知识进行检验，达到知行合一的效果。正是在不断学习的过程中，人生才能够成就"可久可大"的事业。

**7. 道所以可久可大，以其肖天地而不离也；与天地不相似，其违道也远矣。**（《正蒙》）

道作为宇宙万物的根本法则，具有持久广大的性质，这是因为道效法天地，所以能够超越时间和空间，永恒存在。如果不与天地相似，那么也就远离了道的本质。道是天地之道，代表着宇宙的准则和事物的规律，存在于天地万物之中，与事物是一体存在的，世界上不存在脱离事物的道，也没有不具备道的事物。只有符合天地自然的规律，事物才能够获得持久的发展。道的特性同样反映于人类社会之中，人应当遵循天地之道，顺应自然规律，如此才能修身养德，获得长久广大的发展。长久的特性源于内心的纯粹，广大的特性源于内心的包容，这是事物发展的客观规律，也是人应当遵守的法则。

**8. 积土成山，风雨兴焉；积水成渊，蛟龙生焉；积善成德，而神明自得，圣心备焉。故不积跬步，无以至千里；不积小流，无以成江海。骐骥一跃，不能十步；**

**驽马十驾，功在不舍。锲而舍之，朽木不折；锲而不舍，金石可镂。**（《荀子·劝学》）

在荀子看来，学习是一个终身积累的过程，圣人并不是与生俱来的，而是通过不断修身，培养善性而达到"成德"的目标。想要达到圣人的理想境界，必须在日常生活之中不断进行学习积累，这是实现远大理想目标的必要手段。积累是一个长期的过程，贵在坚持不懈。坚持与否，会导致两种完全不同的结果，如果中途放弃，那么就算是一根朽木，也难以折断，相反，如果锲而不舍，用心专一，那么哪怕是金石，也能够雕刻成功。荀子运用大量的比喻，用以说明日常的积累和学习对于个人修身的重要性。

## 9. 不谋万世者，不足谋一时；不谋全局者，不足谋一域。（《寤言》）

本段是关于眼前利益和长远利益、个人利益和整体利益这一问题的讨论。如果不能从长远的角度出发，一时的努力也是短视的；同样，如果不能从整体的角度出发，部分的成功也微不足道。本段不仅涉及个人的日常行为，而且也是治国理政的重要指导原则。前两句从时间的维度进行论证，表明国家的治理不能只注重眼前的利益，而应该长远地考虑问题，实现可持续性发展；后两句从空间的维度进行论证，说明治理国家应该从全局把握，不能因为部分的利益而损害整体。要使国家长治久安，就必须深思远虑，统筹兼顾，不能管中窥豹，因小失大。本段集中反映了中华文明对于整体利益和长远性利益的追求，这也是中华文明繁荣发展，传承至今的重要原因之一。

## 10. 学无二事，无二道，根本苟立，保养不替，自然日新。所谓可久可大者，不出简易而已。（《与高应朝》）

陆九渊的道德修养理论来自《周易》"乾以易知，坤以简能"，陆九渊称之为"易简工夫"。在与朱熹的鹅湖之会上，陆九渊曾作诗称："易简工夫终久大，支离事业竟浮沉。"陆九渊认为，心即是理，心外无理，"苟此心之存，则此理自明"，因此道德修养的关键就在于"发明本心"，这个过程就是孟子所说的"存心""养心""求放心"，是道德主体对于良心善性的自我反省、自我体认和自我实现。在具体实践层面，陆九渊提出"剥落"，即明辨是非，克制物欲，"去吾心之害"，恢复本心清明。陆九渊将"易简工夫"视为可久可大的道德修养方法，赋予了《周易》"易简工夫"论新的理论实质和内涵。

## 第四节　修齐治平，内圣外王

**1. 大学之道，在明明德，在亲民，在止于至善。知止而后有定，定而后能静，静而后能安，安而后能虑，虑而后能得。物有本末，事有终始。知所先后，则近道矣。**（《礼记·大学》）

作为儒家四书之一，《大学》概括了日常道德修养与治国平天下之间的关系，是儒家"内圣外王"学说的集中表现。"大学之道"可以概括为三纲领、八条目，其中，三纲领为"明明德""亲民""止于至善"。"明明德"，即彰显圣明的德性；"亲民"，程颐注释"亲，当作新"，朱熹认为"新者，革其旧之谓也"，"亲民"即教化百姓，使民日新；"止于至善"，止有至之意，即达到至善的最高境界。三纲领在逻辑上层层递进,"明明德"重在个人修养,"亲民"谓由近及远,推己及人,用已明之德教化百姓,使之上升到"至善"的理想道德境界。《大学》所讲述的"大学之道",不仅是个人的修身养性之学,更是圣明君王的治国理政之道。

**2. 古之欲明明德于天下者,先治其国;欲治其国者,先齐其家;欲齐其家者,先修其身;欲修其身者,先正其心;欲正其心者,先诚其意;欲诚其意者,先致其知,致知在格物。物格而后知至,知至而后意诚,意诚而后心正,心正而后身修,身修而后家齐,家齐而后国治,国治而后天下平。(《礼记·大学》)**

在三纲领之下,《大学》又提出了八条目,即格物、致知、诚意、正心、修身、齐家、治国、平天下。格物致知意在通过学习和接触事物,明辨善恶观念,区分是非。诚意,《大学》解释为"毋自欺",即在获得善恶、是非之知后,真诚地去为善去恶,不自欺欺人。正心在于去除情感、欲望等因素对于本心的妨害,达到心正的效果。正心是修身的基础,心正便可以自觉行善,使人的行为符合道德规范的要求。个人之身修,能够影响家庭之教,进而提升整个国家的道德水平,这就是《大学》所说的"身修而后家齐,家齐而后国治,国治而后天下平"。在《大学》提出的八条目中,修身是中心环节,格物、致知、诚意、正心是修身的过程,而齐家、治国、平天下则是修身的最终指向。

**3. 子贡曰:"如有博施于民而能济众,何如?可谓仁乎?"子曰:"何事于仁,必也圣乎!尧舜其犹病诸!夫仁者,己欲立而立人,己欲达而达人。能近取譬,可谓仁之方也已。"(《论语·雍也》)**

后人常以"己欲立而立人,己欲达而达人"概括孔子的"忠"道思想,"忠"道与"己所不欲,勿施于人"的"恕"道一起,构成仁的两个方面。在孔子看来,仁者在立身的同时会帮助别人立身,在自己发达之后会帮助别人发达。在具体的行仁方法上,孔子提出"能近取譬",即从身边的小事情开始,培养仁德,进而影响到周围更多的人,达到博施济众的圣人境界。孔子提出的"仁之方"是其忠恕之道的具体表现,构成了孔子仁学的基本实践路径。这样一种由近及远、推己及人的道德行为模式,表现了儒家"仁者爱人""泛爱众,而亲仁"的精神内核,并具体展开为儒家修齐治平的"内圣外王"之道。

**4. 子路问君子。子曰:"修己以敬。"曰:"如斯而已乎?"曰:"修己以安人。"曰:"如斯而已乎?"曰:"修己以安百姓。修己以安百姓,尧舜其犹病诸!"(《论语·宪问》)**

孔子将"修己以敬""修己以安人""修己以安百

姓"视为君子的三个不同阶段。"修己以敬"即以敬修身，提高修养，待人恭敬；"修己以安人"即通过修身活动，来安定自己身边的人；而"修己以安百姓"即通过修己来安定大众百姓。刘宝楠注疏："'修己'者，修身也……'安人'者，齐家也；'安百姓'，则治国平天下也。"孔子所说的三个阶段是由己及人、由内而外的，是君子修身齐家治国平天下的过程。君子以个人的修身活动为基础，通过"修己以安人""修己以安百姓"的方式，将个体推向个体以外的社会群体，实现人与人、人与社会的和谐发展。

**5. 尊德乐义，则可以嚣嚣矣。故士穷不失义，达不离道。穷不失义，故士得己焉；达不离道，故民不失望焉。古之人，得志，泽加于民；不得志，修身见于世。穷则独善其身，达则兼善天下。**（《孟子·尽心上》）

孟子将"尊德乐义"作为不同人生状态下应该遵循的基本原则。孟子认为，穷与达是人生的两个不同阶段，在这两种状态下，人的情感、意志、行为都会发生一定的变化。但无论处于什么样的境地，都应该尊尚道德，乐行仁义，即"穷不失义""达不离道"。当人陷入穷困之时，应该保持修养，克己敦仁；当人发达显赫之时，应该惠泽天下，兼顾万民。本段为儒家的"内圣外王"之道提供了理想的为人处世之方，其中，"穷则独善其身"是内圣的基础，而"达则兼善天下"则是外王的要求。在孟子的影响下，后世儒者常以"穷则独善其身，达则兼善天下"作为人生的价值目标，体现出儒家忧国忧民的思想境界和修身俟命的人生哲学。

**6. 曹交问曰："人皆可以为尧、舜，有诸？"孟子曰："然。"（《孟子·告子下》）**

孟子的道德修养理论以其性本善的人性论作为前提。孟子以为，人性本善，就像水始终往下流一样，"人无有不善，水无有不下"，在这个基础上，通过不断的修身等道德修养活动，为善去恶，人人都可以成为尧、舜那样的圣人。从人性本善这一前提出发，孟子同意人们在道德上都有成圣的可能，但是，在现实条件下，并不是每个人都可以成为圣人，这是因为个人意志的软弱以及后天环境的影响，导致人"失其本心"。因此，孟子提出"存心""养心""求放心"等一系列道德修养活动，将存心养性作为道德实践的基础。"人皆可以为尧、舜"为人的修齐治平、内圣外王提供了前提和可能，是儒家道德实践工夫的理论基础。

**7. 诚者自成也，而道自道也。诚者物之终始，不诚无物。是故君子诚之为贵。诚者非自成己而已也，所以成物也。成己，仁也；成物，知也。性之德也，合外内之道也。故时措之宜也。（《礼记·中庸》）**

《中庸》提出了诚的修身方法。诚是自我成就，自我实现，自我完成，贯穿于万物的始终，没有诚也就没有万物，所以君子以诚为贵，将诚作为修身的基础。诚一旦显现，就会要求成就自身以外的一切事物，也就是"成己"与"成物"。所谓"成己"，即以诚修身；所谓"成物"，即"尽物之性"，成就万物。"成己"与"成物"在逻辑上有先后次序的关系，因此，君子"成己"而后"成物"。"成己"是仁，"成物"是智，仁与智是人性之固有，将其不断扩充，就能够实现人性的圆满，以此出发，格物致知，诚意正心，实现修齐治平之道。

**8. 请问为国？曰：闻修身，未尝闻为国也。君者，仪也，仪正而景正；君者，槃也，槃圆而水圆；君者，盂也，盂方而水方。君射则臣决。楚庄王好细腰，故朝有饿人。故曰：闻修身，未尝闻为国也。（《荀子·君道》）**

君主治国应该以修身为本，修身乃是治国平天下的前提条件。荀子在本段中用了多个比喻：君主就像测量用的仪器，人民就像仪器的影子，仪器正则影子正；君主就像盘子或盂，人民就像盘子或盂里的水，盘子圆则水圆，盂方则水方；楚王爱好细腰的美女，宫中就会有为了细腰而挨饿的人。荀子通过这些比喻，意在说明一个道理，即君主的修身活动不仅涉及其个人的道德修养，而且关乎周围人的行为，进而影响整个国家的政治环境。

一个拥有仁爱之心的人治理国家，其手下的大臣百姓也会以仁爱待人。君主是国家的表率，其一言一行代表着整个国家，因此，治理国家以修身为本，身修而后国家可治。

**9. "涂之人可以为禹"，曷谓也？曰：凡禹之所以为禹者，以其为仁义法正也。然则仁义法正有可知可能之理，然而涂之人也，皆有可以知仁义法正之质，皆有可以能仁义法正之具，然则其可以为禹明矣。（《荀子·性恶》）**

本段与孟子"人皆可以为尧、舜"所要表明的思想大致相同。荀子认为，大禹之所以能够成为圣人，是因为他能够行使仁义法度，仁义法度具有可以知晓、可以做到的性质，普通人拥有了解仁义法度的资质，也拥有能够做到仁义法度的条件，因此，就算是普通人，也能够成为像大禹那样的圣人。但是，由于人性之恶所导致的自私自利倾向，人们在成圣之前，必须通过修身实践活动，提高自身的道德修养，克制私欲，积累善行，以此实现成圣的目标。孟子从人性善的前提出发，得出"人皆可以为尧、舜"的结论，荀子从人性恶的前提出发，得出"涂之人可以为禹"的结论，二者殊途同归，构成了儒家"内圣外王"理论的重要组成部分。

**10. 修之身，其德乃真；修之家，其德乃余；修之乡，其德乃长；修之邦，其德乃丰；修之天下，其德乃普。**（《老子·五十四章》）

老子肯定德的积极意义，认为德具有正面价值。在老子看来，德从道而来，是人根据道的规定行动而获得的，因此德包含了"得道"的基本含义。老子认为，治理国家离不开德的作用，"修之"就是不断"修道"，把道付诸自身，德就是真实纯正的；把道付诸家庭，德就是有余的；把道付诸乡里，德就会不断增长；把道付诸国家，国家就会丰盈富足；把道付诸天下，德就会得到普及。在这里，老子从自身讲到家庭、乡里、国家以至于天下，让人联想到儒家"格物、致知、诚意、正心、修身、齐家、治国、平天下"的八条目，尽管道家与儒家的政治观念并不完全相同，但在某些地方也具有相似之处。

# 第三章
# 赓续传承的厚生之道

中华文明的连续性体现在治生理财和日常生活方面便是发展出了一条赓续传承的厚生之道。从本体论而言，厚生之道表现为天地的生生之德，体现于阴阳流行、化生万物的循环往复中，君子继天地之德性，利用安身，崇德广业，实现生命的价值。在经济上，厚生之道追求物质资料的富有充足，这不仅是个人生存和发展的基础，也是国家稳定和繁荣的保障，中华文明重视人民的物质利益，通过减轻赋税、推动生产的方式，增加国家财政收入，进而实现藏富于民、国富民强的理想目标。厚生之道追求物质生活的富裕充足，肯定人的基本物质欲望，但也反对见利忘义、唯利是图，在价值观上主张义利合

一、利以义求。中华文明以道德大义作为君子修身成德的最高价值取向，展现出崇尚道义的德性主义倾向。在实践方面，厚生之道要求人们奉行勤劳节俭的生活方式，强调克勤克俭，治生兴业，在辛勤劳动中创造财富，在不懈奋斗中实现价值。厚生之道内涵丰富，具有独特的理论价值和实践意义，是中华文明绵延不断、历久弥新的重要原因之一。

## 第一节　生生之德，利用安身

**1. 天地之大德曰生，圣人之大宝曰位。何以守位？曰仁。何以聚人？曰财。理财正辞，禁民为非曰义。**
（《周易·系辞下》）

《周易》哲学认为任何事物都处在不断发展、不断变化的过程中，所谓"生生之谓易，成象之谓乾，效法之谓坤"。阴阳二气，大化流行，这是天地间最大的德性，即"生生之德"。圣人秉持天地生生不息之德，广生万物，处于崇高的地位，这是圣人最宝贵的东西。守住地位，依靠的是仁德；聚拢人心，依靠的是财物。这里明确指出了财物之利对于圣人治理天下的重要作用，但同时也指出利必须符合仁义道德。圣人以仁守位，以义规范人的行为，仁义相合，才能顺应天地生生之大德，这是圣人安身立命的基础，也是成就伟大功业的需要。

**2. 精义入神，以致用也；利用安身，以崇德也。过此以往，未之或知也；穷神知化，德之盛也。（《周易·系辞下》）**

《周易》强调内在德性与外在事功的统一，君子修养德性，但并不因此而偏废外在事功，相反，君子精研义理，达到神而化之的境界，以此学以致用，利用安身，崇高自身的德业。"精义入神"与"利用安身"是两种不同的修养工夫，二者相互配合，构成一体之两面，前者由外而内，通过不断学习，实现对义理的认识和把握，后者由内而外，是人将学习到的知识运用于现实生活，达到知行合一的境界。在这个基础上继续修养，使内外之道和谐统一，就能实现"穷神知化"，即孔子所说的"从心所欲，不逾矩"，这既是圣人的境界，也是最高的德业。

**3. 子曰："君子安其身而后动，易其心而后语，定其交而后求。君子修此三者，故全也。危以动，则民不与也；惧以语，则民不应也；无交而求，则民不与也；莫之与，则伤之者至矣。"（《周易·系辞下》）**

君子修己可以分为三个方面，即"安其身而后动"

"易其心而后语""定其交而后求",此为君子修身治国的保障,其目的在于保持与人民的良好关系。"安其身而后动"即安定自身,修养德性,然后才能有所行动,否则人民就不会支持;"易其心而后语"即平易其心,安神静气,然后才能发表言论,否则人民就不会响应;"定其交而后求"即确定自己交往的朋友,然后才能对人有所请求,否则人民就不会参与。只有在这三件事都做好的情况下,才能够与人共事,有所作为,实现齐家、治国、平天下的事业,这是君子安身立命、进德修业的基础和前提。

### 4. 正德、利用、厚生、惟和。(《尚书·大禹谟》)

本段是大禹对舜所说的善政养民的几个方面,"正德"即正人之德,通过不断的修养活动,培养德性,树立榜样,以率下人;"利用"即尽物之用,统治者勤俭节约,不铺张浪费,将财物进行合理规划和分配,丰富人民财用;"厚生"即厚民之生,不夺农时,轻徭薄赋,改善人民生活,使人民生计温厚,丰衣足食。孔颖达注疏:"正德以率下,利用以阜财,厚生以养民,三者和,所谓善政。""正德""利用""厚生"有先后次序的关系,人君自正乃能正下,利用然后厚生,因此,"正德"为先,"利用"次之,"厚生"为后,将这三者调和起来,就能实现国泰民安,天下大治。

**5. 子曰："吾十有五而志于学，三十而立，四十而不惑，五十而知天命，六十而耳顺，七十而从心所欲，不逾矩。"**（《论语·为政》）

进德修业始于学习，孔子重视学习教育，认为德性的培养必须以学习为基础，"好仁不好学，其蔽也愚；好知不好学，其蔽也荡；好信不好学，其蔽也贼；好直不好学，其蔽也绞；好勇不好学，其蔽也乱；好刚不好学，其蔽也狂"。通过不断学习，人在不同的人生阶段实现相应的目标，最终实现"从心所欲，不逾矩"的理想境界。"从心所欲，不逾矩"代表着生命主体形成了道德上的自觉，人的言行举止和实践活动会自觉地遵守道德规范，因此，在这一状态下，个人的生命实现了真正意义上的自由。所以，孔子将"从心所欲，不逾矩"作为人生应该实现的终极目标，这也是儒家安身立命的根本所在。

**6. 孟子曰："尽其心者，知其性也。知其性，则知天矣。存其心，养其性，所以事天也。夭寿不贰，修身以俟之，所以立命也。"**（《孟子·尽心上》）

孟子以积极的态度对待人的生命，认为人在存心养性的基础上，可以知晓天命，进而"俟命""立命"。这里所说的命不仅是个人的现实生命，同时也是一种道德生命或是德性生命。在孟子看来，尽自己的善心，就能够通晓自己的本性，进而知晓天命，无论个人寿命的长短，都应该修身养性，等待天命到来，这是人立命之本。这个过程极其漫长，需要不断地存心养性，养成人的德性生命。孟子对待命的态度在于尽人事，听天命，实现有限的个体生命和无限的天命的统一。孟子虽然承认天命不可违，但仍然强调个人的主观能动性对于个体生命的确证，赋予人的生命以积极的因素和意义。

### 7. 夫人之所以不能终其寿命，而中道夭于刑戮者，何也？以其生生之厚。夫惟能无以生为者，则所以修得生也。（《淮南子·精神训》）

《淮南子》的生死观认为人的生命来源于天地最终又归于天地，是一种自然而然的过程，因此，不重视生，不惧怕死，懂得生与死之间的关系，就能够超脱生死，超越有限性的个体，回归生命的本源。在安身立命的问题上，《淮南子》反对"生生之厚"，即过分追求优厚的养生条件，认为外在的物质欲望会损害人的生命，只有那些不追求优裕生活条件的人，才能够真正获得长久的生命。《淮南子》强调以淡然超脱的态度对待生命，克制欲望，量腹而食，度形而衣，在生活中"节寝处，适饮食"，在情感上"和喜怒，便动静"，掌握自然的养生之道，以此修得生命的真谛。

### 8. 夫身安德崇，而又能致用于天下，则其事业可

谓备也。(《致一论》)

王安石强调"安身崇德"对于个人道德修养的重要作用,同时又以"致用于天下"作为君子德业的旨归。所谓"安身崇德""致用于天下",实际上是儒家修齐治平理论的延续,是个人的安身立命之道。《周易》提出"精义入神,以致用也;利用安身,以崇德也",王安石认为,从道的次序上来说,是先研究精义而后崇尚道德,从修养的次序来说,是先崇尚道德而后研究精义,前者从精到粗,是道的顺序,后者从粗到精,是学道的顺序。在王安石看来,安身与崇德是辩证统一的关系:"身不安则不能崇德矣;不能崇德,则身岂能安乎?"此乃致用之道的两端,也是人的安身之本。

**9. 五行之生也,各一其性。无极之真,二五之精,妙合而凝。乾道成男,坤道成女。二气交感,化生万物。万物生生而变化无穷焉。惟人也,得其秀而最灵。形既生矣,神发知矣。五性感动而善恶分,万事出矣。圣人定之以中正仁义而主静,立人极焉。**(《太极图说》)

周敦颐的宇宙生成论认为太极是宇宙的本原,太极一动一静,生成阴阳二气,阴阳交感,化生万物。作为万物中的一类,人具有极特殊的地位,因为人"得其秀而最灵",具有阴阳二气最完善的部分,是宇宙中最优秀的。人的形体五官与外物相感应,因此产生善恶之分。圣人具有完满的德性生命,能够做出正确的道德判断,拥有正确引导人们好善恶恶的能力，因此，圣人定下"仁义中正"的道德标准，并主张"静"的修养工夫，这就是所谓的"人极"。周敦颐的《太极图说》构建了一个秩序井然的宇宙生成模式，这便是宇宙的生生之德，在这一基础上，人们通过"无欲""主静"的道德修养，挺立人极，实现做人的最高标准。

## 10. 明哲者，良知也。明哲保身者，良知良能也，所谓不虑而知、不学而能者也，人皆有之，圣人与我同也。（《明哲保身论》）

王艮认为所谓"明哲保身"就是孟子所说的"良知良能"，"明哲"即"良知"，"保身"即"良能"，安顿、保护自己的身体是人的本能，这是天底下所有人共同拥有的。一个人爱护自己的身体，那么他就能够爱护其他人，如果每个人都互相关爱，那么自己的身体也就能够得到保护。按照这个逻辑，由爱身而保身，进而能够保家、保国、保天下，家国天下得到保护，"则吾身保矣"。在王艮看来，明哲保身是治国平天下的前提，通过保身，将家国天下囊括于吾身之内，使自己的身体经由一定的程序转化为社会的身体和国家的身体，由此将个人的安身立命之道与治国平天下的"内圣外王"之道彼此联系起来，构建起一个"以身为本"的理论体系。

## 第二节　藏富于民，国富民强

1. 子适卫，冉有仆。子曰："庶矣哉！"冉有曰："既庶矣，又何加焉？"曰："富之。"曰："既富矣，又何加焉？"曰："教之。"（《论语·子路》）

孔子将国家的治理分为三个阶段，分别是"庶民""富民""教民"。"庶民"即保持人民人口的增长，这是国家治理和后续活动的基础。"富民"即使人民富足，孔子主张积极地创造财富，惠泽百姓，使人民拥有富裕的物质生活条件。"教民"即教化百姓，在孔子看来，国家治理的最终目的不是"富民"，而是在"富民"基础上实现"教民"，通过发展教育事业，教化百姓，提高社会的道德水平，为施行德政提供保障。孔子看到物质基础对于教育事业的重要性，因此主张庶而后富，富而后教，"庶民""富民""教民"之间存在先后顺序。富民、教民的思想被后世儒家所吸收，成为儒家内圣外王事业的现实前提。

**2. 哀公问于有若曰："年饥，用不足，如之何？"有若对曰："盍彻乎？"曰："二，吾犹不足，如之何其彻也？"对曰："百姓足，君孰与不足？百姓不足，君孰与足？"（《论语·颜渊》）**

春秋时期鲁国实行十取其二的赋税政策，有若认为饥荒之年，应该减少赋税，便劝诫鲁哀公减少赋税。面对哀公的疑问，有若指出，人民的财富实际上就是国家的财富，人民富足，国家也会富裕，相反，赋税繁重，人民陷入贫困，国家也会逐渐衰落。本段从侧面反映出儒家惠民、富民的思想。君主治国，应该秉持"因民之所利而利之"的原则，为人民谋利，过度地取之于民，不仅是"不义"的行为，而且会加重百姓的生活负担，导致民不聊生的后果。统治者应该关注人民的愿望，尽可能地满足其利益诉求，让人民进行稳定的生产活动，这种做法既有利于人民的劳动积极性，也有利于国家的富强和发展。

**3. 孟子曰："易其田畴，薄其税敛，民可使富也。**

食之以时，用之以礼，财不可胜用也。民非水火不生活，昏暮叩人之门户求水火，无弗与者，至足矣。圣人治天下，使有菽粟如水火。菽粟如水火，而民焉有不仁者乎？"（《孟子·尽心上》）

孟子在政治上主张"以不忍人之心，行不忍人之政"，即施行仁政，将仁义道德贯穿于政治生活的始终。在具体治国方针上，孟子提倡轻徭薄赋，制民之产，反对苛捐杂税，强调惠民、利民。在孟子看来，教导人民进行物质生产，使人民过上富足的生活，是王道的开端。孟子以水、火为喻，认为人民没有水、火就无法生活，但是黄昏去敲其他人家的门借水和火，没有人不会给，这是因为水和火是十分充足的。圣人治理天下，应该使人民的物质财富像水和火一样充裕，如此则人民相互亲爱，社会和谐稳定，国家繁荣发展。同时，孟子也强调天时地利人和，主张按照自然规律和社会礼仪使用和分配财物，营造和谐有序的生活氛围。

**4. 足国之道：节用裕民而善臧其余。节用以礼，裕民以政。彼裕民，故多余。裕民则民富，民富则田肥以易，田肥以易则出实百倍。上以法取焉，而下以礼节用之，余若丘山，不时焚烧，无所臧之，夫君子奚患乎无余？故知节用裕民，则必有仁义圣良之名，而且有富厚丘山之积矣。（《荀子·富国》）**

本段是荀子的"节用裕民"说。荀子指出，国家富裕的关键在于节约开支，妥善储藏剩余的财物，使人民富足，而具体的方法则是"节用以礼，裕民以政"，即根据礼的规定进行节用，制定相应的政策用以裕民。荀子提倡的节用不同于墨家的节用理论，墨家强调的是一视同仁、无差别的节用，而荀子则主张"节用以礼"，按照礼的规定，身份不同的人，其节用标准也相应改变。裕民在于制定和实施利民富民的政策，其核心在于轻徭役，薄赋敛，即"轻田野之税，省刀布之敛，罕举力役，无夺农时"。荀子认为，节用裕民能够产生一系列的积极影响，民富则国富，民有余则国有余，这是圣明君主治国理政必须懂得的道理。

**5. 下贫则上贫，下富则上富。故田野县鄙者，财之本也；垣窌仓廪者，财之末也。百姓时和、事业得叙者，货之源也；等赋府库者，货之流也。故明主必谨养其和，节其流，开其源，而时斟酌焉，潢然使天下必有余而上不忧不足。（《荀子·富国》）**

本段是荀子的"开源节流"说。"开源"即增加收入，"节流"即节省开支。在荀子看来，国家财政有其本末之分，具体而言，农村与田野是财富的根本，应该不断进行生产活动，推动收入增加；反之，官府的粮仓和货仓是财富的末流，不应该过度征收赋税，将财富储藏于国库。开源与节流是国家经济的两个方面，前者涉及财政收入，后者涉及财政支出，二者必须达到平衡与统一，只取一端而忽视另一端，都会对经济造成偏害，无法达到国富民强的效果。开源节流的核心在于增加生产，减少课税，将国家的财富尽可能地保留在民间，通过富民以达到富国，实现"上下俱富"的良好结果。

**6. 凡有地牧民者，务在四时，守在仓廪。国多财，则远者来，地辟举，则民留处；仓廪实，则知礼节；衣食足，则知荣辱。（《管子·牧民》）**

《管子》中讨论了经济与道德的关系，在《管子》看来，经济与道德之间，经济是根本，道德的产生必须以经济发展为基础。基于此，《管子》提出了"仓廪实，则知礼节；衣食足，则知荣辱"的命题，认为物质生产是所有其他活动的保障，没有物质经济条件作为基础，道德只能是空谈，只有让百姓丰衣足食，生活富裕，才能使其知礼守法，重视道德。人民的经济生活水平直接决定了道德文化水平，如果没有物质基础作为保障，社会就会走向混乱，在这样的大背景下，道德也就失去了存在的条件。"仓廪实"和"衣食足"是道德产生的前提和基础，如果没有物质基础作为保障，那么道德就只能是空洞的教条，失去了其产生和存在的意义。

**7. 凡治国之道，必先富民。民富则易治也，民贫则难治也。奚以知其然也？民富则安乡重家，安乡重家**

则敬上畏罪，敬上畏罪则易治也。民贫则危乡轻家，危乡轻家则敢凌上犯禁，凌上犯禁则难治也。故治国常富，而乱国必贫。是以善为国者，必先富民，然后治之。（《管子·治国》）

《管子》的政治思想强调治国必先富民，使百姓富裕是治理国家最有效的手段。在《管子》看来，通过观察人民的物质生活状态，可以知其道德生活水平，从而看出一个国家的兴衰和社会的治乱。具体而言，民贫则乱，民富则治，《管子》给出了其论证过程：人民富有则重视家庭，安于家乡，进而恭敬上级，畏惧罪罚，如此则人民易于管理；人民贫穷则轻视家庭，危害家乡，进而凌越上级，违犯禁令，如此则人民难以管理。因此，想要实现治民，首先必须富民，富民是治民的必要条件，人民的物质生活得到保障，基本利益得到实现，自然知礼守法，易于管理，从而推动社会和谐稳定发展。

**8. 故君子富，好行其德；小人富，以适其力。渊深而鱼生之，山深而兽往之，人富而仁义附焉。**（《史记·货殖列传》）

司马迁赞同《管子》"仓廪实，则知礼节"的观点，肯定人们对于财富的合理追求。他指出"天下熙熙，皆为利来；天下攘攘，皆为利往"，人的道德水平随着物质经济基础的提高而提高，物质经济是道德产生的基础。所谓仁义道德，往往是伴随着财富的增加而产生，君子富有，就会施以德行，普通人富有，能够调节自己的劳动，这就像鱼聚集于水深之处，猛兽来往于深山之中，人们在富有之后，就会思考仁义道德之事，这是再自然不过的事情。仁义道德往往产生于富有之后，而到了贫困之时，就会被抛弃，这是历史总结的经验和规律。因此，司马迁反对空谈道德，而主张大力发展经济，合理地分配社会财富。

## 9. 因天下之力以生天下之财，取天下之财以供天下之费。自古治世，未尝以不足为天下之公患也，患在治财无其道耳。（《上仁宗皇帝言事书》）

北宋时期政府面临冗员、冗兵、冗费等一系列问题，因此王安石主张变法，实施新政，以富国强兵。在王安石看来，自古以来的太平治世，都是因为治财无道而走向灭亡。富民是富国的基础，财政匮乏的根本原因在于缺乏生财之道，无法使人民真正富裕起来，因此，王安石提出"因天下之力以生天下之财"，即依靠天下的人力物力，大力发展生产力，以此来生产财富，同时"取天下之财以供天下之费"，征收天下的财富来供给天下的费用。在具体经济政策上，王安石提出"青苗法"等，旨在增加政府财政收入，实现"民不加赋而国用足"，达到民富国强的目的。

10. 故曰"财散则民聚"。散者，非但百姓之各有之也，抑使郡邑之各有之也。"财聚则民散"。聚者，既不使之在民，又不使之给用，积之于一帑，而以有用者为无用也。散则以天下之财供天下之用，聚则废万事之用而任天下之危。（《读通鉴论·唐懿宗》）

政府的财政收入与开支是国家经济的重要问题。王夫之提出"财聚"和"财散"的概念，"财聚"指国家将社会财富聚敛于上，"既不使之在民，又不使之给用"，使之堆积、闲置，最终成为无用之物；"财散"指将财物分散给地方政府和人民，使每个人都拥有可以自由支配的财富。王夫之反对"财聚"的行为，认为"财聚则民散"，最终失去民心，危害国家。相反，"财散"则是正确处理国家财政的方式，"财散"的本质在于取之于民，用之于民，因而能够起到聚拢人心的作用，达到"以天下之财供天下之用"的效果。王夫之的经济思想主张合理地平衡政府收支，提倡散财于民，奢俭有度，这是他富民思想的体现。

## 第三节　义利合一，利以义求

1. 子曰："富与贵，是人之所欲也；不以其道得之，不处也。贫与贱，是人之所恶也；不以其道得之，不去也。君子去仁，恶乎成名？君子无终食之间违仁，造次必于是，颠沛必于是。"（《论语·里仁》）

人人都有趋利避害的本能，即所谓"富与贵，是人之所欲也"和"贫与贱，是人之所恶也"，但是，人们对于本能的追求必须符合道义，如果不能以正确的方式获取财富，那么宁愿处于贫困的状态，也不能违背道德的要求，取得不义之财。孔子不反对人对于自身利益的追求，但认为利必须以义为界限，不能违反义的规定，即所谓"不义而富且贵，于我如浮云"。孔子赞同颜回那种

"一箪食，一瓢饮，在陋巷，人不堪其忧，回也不改其乐"的精神，主张见利思义，安贫乐道，只要内心坚定对于道德大义的追求，即使是"饭疏食，饮水，曲肱而枕之"，也能够生活得平静幸福。

2. 子曰："君子喻于义，小人喻于利。"（《论语·里仁》）

君子认真进行修养的活动，以义的要求规范自身言行，即所谓"君子义以为上""君子义以为质"。君子和小人之间的区别，就在于价值取向的不同，君子追求道德大义，遇到事情不思考其中利害关系，使自身行为自觉合于义的要求；小人追求个人私利，其行为往往以利作为最终目的，而忽视其中的道德因素。君子和小人的身份不是固定不变的，君子在日常生活中如果不能以义要求自己，规范自身的行为，就很有可能成为小人；相反，普通人通过修养德性，做到守礼、行义，也能够成为君子。在这个层面上，"喻于义"还是"喻于利"，就成了评价一个人的重要道德标准。

3. 孟子见梁惠王。王曰："叟，不远千里而来，亦将有以利吾国乎？"孟子对曰："王，何必曰利？亦有仁义而已矣。王曰：'何以利吾国？'大夫曰：'何以利吾家？'士庶人曰：'何以利吾身？'上下交征利，而国

**危矣。"**（《孟子·梁惠王上》）

孟子的义利观强调"去利怀义"，"怀义"与"怀利"实际上就是行为善、恶的区别，君子为义，符合道德礼仪，其行为就是善的，小人为利，违背道德礼仪，其行为就是不善的。孟子指出，如果君臣、父子、兄弟、亲朋之间只以自己的利益作为考量，怀着自私自利之心来交往，那么这样的关系迟早会消亡，国家便会陷入危险，反之，如果以仁义作为行为的准则，那么国家就会稳定，天下就会太平。在实践上，孟子主张以义作为最高的价值追求，为了实现这一道德理想，哪怕付出自己的生命也在所不惜。"生，亦我所欲也；义，亦我所欲也。二者不可得兼，舍生而取义者也"，"舍生取义"是孟子义利观的集中表达，体现了孟子最高的理想人格境界。

**4. 义与利者，人之所两有也。虽尧、舜不能去民之欲利，然而能使其欲利不克其好义也。虽桀、纣亦不能去民之好义；然而能使其好义不胜其欲利也。故义胜利者为治世，利克义者为乱世。**（《荀子·大略》）

荀子认为人性来源于天，人性的实质在于情感，情感所发则为欲望，因此，每个人都有追求利益的本性。但是，在荀子看来，人的欲望是无穷无尽的，而社会所生产出的财富却是有限的。正是因为人欲的无限性和资源的有限性，才导致社会争端的产生，圣人正是在这个时候制定礼仪，以礼仪节制人们的欲望，以道义规范人们的行为。荀子在义利关系上主张"以义制利"，认为义与利是"人之所两有"，但是，对利益的追求必须得到节制，符合义的规定。对于国家来说，人民追求道义胜过追求私利，就是治世，反之，人民追求私利胜过追求道义，则为乱世。荀子提出荣辱的概念，认为"先义而后利者荣""先利而后义者辱"，这实际上就是将"先义"或"先利"作为人们行为的道德评价标准。

5. 子墨子曰："万事莫贵于义。今谓人曰：'予子冠履，而断子之手足，子为之乎？'必不为，何故？则冠履不若手足之贵也。又曰：'予子天下而杀子之身，子为之乎？'必不为，何故？则天下不若身之贵也。争一言以相杀，是贵义于其身也。故曰：万事莫贵于义也。"（《墨子·贵义》）

在墨子看来，利分为私利和公利，私利即个人的利益，而公利则是天下所有人的共同利益。墨子肯定人们对于利益的追求，但必须以义为标准。所谓义，实质就是"利人""利天下"，相反，所谓不义，则是"害人""害天下"。墨子将义与利联系起来，认为义是利的手段，利是义的目的。每个人都有追求利益的本性，但不是所有追求利益的行为都是义，只有那些能够"利人""利天下"的行为，才能够称之为义。因此，墨子提出"万事莫贵于义"的口号，认为义之所以可贵，就在于它能够"利人""利天下",实现天下之公利。墨子的义利观既"贵义",又"尚利",达到了义与利的辩证统一。

## 6. 夫仁人者,正其谊不谋其利,明其道不计其功。(《汉书·董仲舒传》)

董仲舒的义利观与先秦儒家一脉相承。在事实层面上,董仲舒提出"义利两养",即"利以养其体,义以养其心",承认义与利对于人的重要作用。在价值层面上,董仲舒则表现出重义轻利的倾向。董仲舒认为,上天赋予人的本性,是使人行仁义,避免去做那些羞耻的事情,如果只是为了追求利益,以此求生,那就与禽兽无异了,因此,对于人而言,重要的是义而不是利。人的本性没有不崇尚义的,但是现实中不能行义的原因,就在于利欲的干扰。在道德实践上,董仲舒指出,判断一个行为是否道德,就在于其行动的目的是"义"还是"利",只有那些不计个人私利,以义作为行为准则的人,才是真正的"仁人"。

## 7. 利可言乎?曰:人非利不生,曷为不可言?欲可言乎?曰:欲者人之情,曷为不可言?言而不以礼,是贪与淫,罪矣。(《原文》)

李觏是北宋时期的哲学家、教育家、改革家。与传统儒家重义轻利、贵义贱利的道义论不同,李觏的义利观主张"利欲可言",认为利益和欲望是人的正常本性,如果不是出于对利益的追求和欲望的满足，那么人就无法生存。世人之所以讨厌儒家的学说，就在于儒者将仁义和利欲根本对立起来，崇尚仁义道德，反对一切利益追求。李觏肯定利益和欲望对人的重要作用，但反对盲目地追求利欲，而是主张以礼节欲。礼是利欲之"节文"，利欲的实现必须依靠礼的效用。同时，李觏也反对损公利私的极端利己主义，提倡"天下至公"的公利。李觏的义利观既重视人的利欲，又主张在这一基础上"节以制度"，具有功利主义的倾向。

## 8. 孟子所言利者，为利吾国，利吾身耳。至狗彘食人食则检之，野有饿莩则发之，是所谓政事。政事所以理财，理财乃所谓义也。一部《周礼》，理财居其半，周公岂为利哉？（《答曾公立书》）

在义与利的关系上，王安石提出"理财乃所谓义"的观点。一般而言，理财是一种经济行为，其目的在于求利，但王安石却认为，理财的目的在于求"公利"，符合义的规范，因此也是一种义。王安石指出，理财属于政事，政事是义的，那么理财自然也就符合义。王安石综合了先秦杨朱学派"利己""为己"的贵己主义和墨家的"利他""利天下"的功利主义，主张"以义理财"，理财的目的在于推动生产，提高国家财政收入，增加人民财富，实现国富民强，具有义的效用。可以看出，王安石所说的利是从国家的角度出发的，这就区别于杨朱学派"为己"的个人私利,同时又兼顾了墨家学说"利天下"的公利。

**9. 仁义根于人心之固有,天理之公也。利心生于物我之相形,人欲之私也。循天理,则不求利而自无不利;殉人欲,则求利未得而害已随之。(《四书章句集注·孟子集注》)**

朱熹十分重视义利关系,认为"义利之说,乃儒者第一义"。"为义"和"为利"是两种根本不同的价值取向,是君子与小人的根本区别。在朱熹看来,仁义之所以是天理之公,是因为它是每个人心中所固有的,"是一个公共的道理",而利心之所以是人欲之私,是因为它只计较个人利益,是"自家私意",因此,义与利的关系实际上就是公与私的关系。朱熹同时以理欲来说明其义利观:"饮食者,天理也;要求美味,人欲也。"饮食是天理自然,而要求美味,则是私心作祟,因此属于人欲的范畴。按照天理的要求行事,自然符合义的规范,但超出了这一界限,则属于人欲之私,是应该反对的。朱熹的义利观以义为天理,主张重义轻利,是对儒家义利思想的批判性总结。

**10. 义利之际,其为别也大;利害之际,其相因也微。夫孰知义之必利,而利之非可以利者乎!夫孰知利之**

**必害，而害之不足以害者乎？诚知之也，而可不谓大智乎！（《尚书引义·禹贡》）**

王夫之肯定人的物质欲望的合理性，但反对过度追求私利私欲。王夫之认为，"义之必利""利之必害"，按照义的原则行事，自然会获得利益，这就揭示了义的功利效用，将义与利在价值层面上统一了起来。在这个基础上，王夫之提出了"三义"说，认为"义"可以分为"一人之正义""一时之大义""古今之通义"。"一人之正义"与"一时之大义"是个人或时代意义上的义，虽然都属于义的范畴，但达不到"古今之通义"的高度。所谓"古今之通义"，代表着中华民族的整体利益和核心价值精神，是义的最高层次。在价值选择上，王夫之继承并发扬了儒家"杀身成仁""舍生取义"的思想，提出"生以载义，生可贵；义以立生，生可舍"，表明了义的道德性和非功利性，从而建构起一种辩证的义利统一观。

## 第四节　克勤克俭，治生兴业

**1. 克勤于邦，克俭于家。**（《尚书·大禹谟》）

国家繁荣富强的关键在于勤劳，勤劳反映了对待劳动的态度，即关心劳动，体面劳动，热爱劳动。勤劳是国家繁荣发展的重要基石，人民勤劳，推动生产，创造财富；统治者勤劳，为政宽简，国泰民安。家庭安稳幸福的关键在于节俭，即在资源的使用和分配上遵循适度的原则。节俭是对劳动成果的珍惜和重视，如果每个人都能做到谨行俭用，不铺张浪费，就能实现资源的有效利用，推动可持续发展。勤劳节俭是中华民族的传统美德，在中国古代，勤、俭的品质往往被视为修身的根本，不仅对于个人的成长具有深远影响，而且对于国家的发展具有至关重要的作用。

## 2. 功崇惟志，业广惟勤。（《尚书·周官》）

本段是周成王劝勉百官的一段话，意在指出远大志向和辛勤劳动对于建功立业的重要作用。志向是建立功业的前提，一个人的理想决定了人一生的发展方向，因此立志必须高远，同时也要有坚定的意志和信念，去实现自己的目标。勤劳是建功立业的保障，千里之行，始于足下，任何远大的目标都是从细小之处开始的，实现理想的过程可能经历千难万险，但是想要实现理想，就必须勇敢面对，辛勤耕耘。远大的志向和辛勤的劳动是建功立业的两个方面，二者缺一不可。没有辛勤的劳动和坚定的意志，理想就只是纸上空谈，无法得到实现；没有崇高的志向和远大的抱负，所做的工作就只是无用之功，无法真正发挥作用。

## 3. 君子进德修业。忠信，所以进德也。修辞立其诚，所以居业也。（《周易·乾》）

《周易》认为德、业紧密相连，相辅相成。君子进德修业，必须以忠信为本，忠信即忠实守信。曾子说："吾日三省吾身：为人谋而不忠乎？与朋友交而不信乎？传不习乎？"朱熹解释称"尽己之谓忠，以实之谓信"，忠在于尽心，信在于真实。忠信是立人之本，也是人与人之间的交往原则，以忠信立身，则德业可修。进德是修业的前提和基础，而修业是进德的目的和结果，这个过程伴随着人的一生，是"一以贯之"之道。同时，进德与修业又在一定程度上互相转化，进德的同时就是不断修业的过程，而修业的同时又包含了进德的要求。《周易》指出，在进德修业的基础上，外修文教以保持内心的本真，扩充作为内心道德法则的"诚"，就能够保有自己的事业，使之不断崇高广大，成就圣人的功业。

**4. 俭，德之共也；侈，恶之大也。（《左传·庄公二十四年》）**

本段以善恶来区别俭和侈，认为节俭是一种美德，而奢侈则是一种恶行。节俭和奢侈之所以能成为善和恶的标准，是因为简朴生廉，奢侈生贪，一个人勤俭节约，就能够克制自己的私欲，静心修养，培养德性，反之，一个人奢侈浪费，就会贪婪成性，挥霍无度，当现实条件无法满足自身的欲望时，就容易滋生贪腐。唐代诗人李商隐诗云"历览前贤国与家，成由勤俭破由奢"，俭与奢不仅是个人的生活习惯和生活作风问题，同时也影响整个社会和国家的稳定。纵观中华文明的历史，王朝的兴起离不开勤俭节约、艰苦奋斗，而王朝的衰落则总是从内部的腐败开始的。

**5. 民生在勤，勤则不匮。**（《左传·宣公十二年》）

本段是中华文明历史上关于"民生"一词的最早记录，民指代人民百姓，生表示生活、生计，《辞海》解释"民生"为"人民的生计"。民生问题一直是中国古代政治生活的重点内容，如本段就认为国计民生的根基在于辛勤劳动，辛勤劳动就不会匮乏，人民的生活就能得到保障。"不匮"不仅指物质层面的丰富，同时也是精神层面的满足，劳动创造了人本身，是人类社会存在和发展的基石，人们在劳动中不仅创造了大量的社会财富，而且实现了人生的价值。中华民族正是在一代又一代人的辛勤劳动下，才开创了伟大的文明基业，实现了文明的传承与发展。

**6. 子曰："奢则不孙，俭则固。与其不孙也，宁固。"**（《论语·述而》）

在孔子看来，奢侈会使人不谦逊，节俭会使人显得简陋寒酸，但如果要在二者之间做出选择，则宁愿选择节俭，也不选择奢侈，这是因为与节俭相比，奢侈对人的危害更大。孔子主张中庸之道，强调以不偏不倚、无过无不及的方式为人处世，因此，过度的奢侈和节俭都不是孔子想要的生活方式，但是在现实条件下，人们总是不能决定自己的生活环境，此时，对待生活的态度就显得尤为重要。孔子强调克制欲望，以德修身，因此，面对不义之财，孔子的态度是"不义而富且贵，于我如浮云""富与贵，是人之所欲也；不以其道得之，不处也"，这也表现出孔子安贫乐道的高贵品质。

**7. 今人固与禽兽、麋鹿、蜚鸟、贞虫异者也。今之禽兽、麋鹿、蜚鸟、贞虫，因其羽毛以为衣裘，因其蹄蚤以为绔屦，因其水草以为饮食。故唯使雄不耕稼树艺，雌亦不纺绩织纴，衣食之财固已具矣。今人与此异者也：赖其力者生，不赖其力者不生。（《墨子·非乐》）**

在墨子看来，鸟兽有羽毛、利爪作为自己生存的保障，而人与鸟兽不同，人依靠"力"，即凭借自己的力量进行生产活动，以此来满足自身的需求，这是人与鸟兽之间的根本区别。"赖其力者生"表明人的本质是生产劳动，劳动是人的生存方式，也是社会发展的基础，从这个意义上来说，人与人之间是平等的。墨子反对那些损人利己、不劳而获的行为，强调依靠自己的劳动获取生活资料。在这个基础上，墨子批判了当时流行的关于个人命运的宿命论观点，强调以"力"掌握自己的命运，认为人的命运并非由天所定，而是可以依靠自己的力量来改变，这也反映了墨子思想中积极有为的命运观。

**8. 夫君子之行，静以修身，俭以养德，非澹泊无以明志，非宁静无以致远。夫学须静也，才须学也，非学无以广才，非志无以成学。淫慢则不能励精，险躁则**

不能治性。年与时驰，意与日去，遂成枯落，多不接世，悲守穷庐，将复何及！（《诫子书》）

本段是诸葛亮写给儿子的一封家书，在信中，诸葛亮勉励儿子勤学立志，修身广业。在诸葛亮看来，修身之道在于静，德性养成在于俭。人的本性是静，各种欲望的产生，是因为人们受到外物的干扰，此时需要静心修养，排除杂念，恢复本心澄明。静的反面是躁，"险躁则不能治性"，人一旦失去内心的宁静，就容易被情绪操控，丧失理性，违背道德。在日常生活中，诸葛亮强调勤俭，勤俭是以静修身后达到的一种生活状态，也是修养德性的基础。只有淡泊名利，清俭自守，才能树立远大的理想和志向；只有内心宁静，清静寡欲，才能建立伟大的功业。

9. 抱朴子曰："坚志者，功名之主也；不惰者，众善之师也。登山不以艰险而止，则必臻乎峻岭矣；积善不以穷否而怨，则必永其令问矣。"（《抱朴子外篇·广譬》）

本段提出了治生兴业的两个方面，即"坚志"和"不惰"。"坚志"在于坚定志向，这是建功立业的根本，一切事业都是从树立远大目标开始的；"不惰"在于辛勤劳动，这是一切善行之师，同时也是实现理想的先决条件。登山不因山高路险而轻言放弃，最终一定能抵达峰顶，行善不因自身穷困潦倒而埋怨，最终一定能使自己的美誉长久，在这两件事背后，是志向和勤劳在发挥作用。因此，想要建立功业，必须树立坚定的志向，持之以恒，矢志不渝，同时保持勤勉刻苦的决心和毅力，修德行善，勤奋自勉，无论遇到什么困难都决不动摇，如此才能建立伟大的功业。

**10. 夫地力之生物有大限，取之有度，用之有节，则常足。取之无度，用之无节，则常不足。**（《资治通鉴·唐纪五十》）

天地间的资源是有限的，因此，想要获得长久的发展，就必须克制私欲，戒奢从简。物产的丰饶与贫乏是由天决定的，但使用的情况却是人可以掌控的，索取资源、使用资源有节制，就可以满足发展的需要，反之，索取资源、使用资源没有限度，就会出现匮乏的情况。当代社会生产力发展迅速，尽管我们从自然中获取的资源数量比以往更加丰富，但我们也要考虑到子孙后代的发展，不能为了眼前的利益而牺牲长远的发展。将这种思想运用于政治，就在于统治者必须制定相应的政策，对资源进行有效整合，合理规划资源的使用和分配，实现可持续发展。

# 第四章

# 一脉相承的治道传统

　　中华文明的连续性体现在治国理政方面便是形成了一脉相承的治道传统。在政治理念上,中华文明重视为政以德,认为道德是国家治理和社会秩序的根基,并提出了"修德配命""敬德保民""明德慎罚"等命题,奠定了以德治国的理论基础。发挥道德在政治生活的重要作用,要求统治者以仁爱之心推行仁政,关爱人民。中华文明具有以民为本的民本主义传统,国家的稳定离不开人民的支持,人民在政治生活中始终处于主体地位。统治者关心民生,听取民意,制定符合人民切身利益的政策,爱民、利民、富民、保民,以此获得民心,实现治国平天下的政治理想。在道德与法律的关系上,中华文明主张以道德为根基,以法律为保障,德法兼治,刚柔并施,充分发挥道德的教化作用和法律的规范作用,实现以德治国和以法治国的有机统一。在政治实践上,中华文明具有强烈的忧患意识,强调未雨绸缪,居安思危,通过对历史经验教训的认识与反思,将忧患意识与个人的成长、国家的命运紧密联系在一起,总结出一条制治于未乱、保邦于未危的治国理念。在考察历朝历代政治得失的基础上,中华文明探索出一条独特的治国理政道路,这些政治理念和政治实践,共同构成了中华文明一脉相承的治道传统。

## 第一节　皇天无亲，惟德是辅

1. 皇天无亲，惟德是辅；民心无常，惟惠之怀。为善不同，同归于治；为恶不同，同归于乱。（《尚书·蔡仲之命》）

《尚书》将德视为政治的核心。皇天无亲无疏，只辅助有德之人，民心变化不定，只怀念仁爱之主，善行虽不同，但都能达到安治，恶行虽不同，但都会导致混乱，因此，统治者应该以德作为政治之本，施以仁政。《尚书》中曾多次言及德，如《皋陶谟》中提到的"九德"："宽而栗，柔而立，愿而恭，乱而敬，扰而毅，直而温，简而廉，刚而塞，强而义。"《洪范》中提到的"三德"："一曰正直，二曰刚克，三曰柔克。"《尚书》中所提到的德不仅是个人修身的内容和目标，更是为政必须具备的品质，具有政治属性。统治者必须坚持修己，安定心思，以德为范，教化百姓，如此才能治理好国家。

**2. 我不可不监于有夏，亦不可不监于有殷。我不敢知曰，有夏服天命，惟有历年；我不敢知曰，不其延。惟不敬厥德，乃早坠厥命。我不敢知曰，有殷受天命，惟有历年；我不敢知曰，不其延。惟不敬厥德，乃早坠厥命。**（《尚书·召诰》）

德不仅作用于自身，而且作用于整个社会和国家。天命无常，但如果能够坚持修德，就可以保有君位，这是因为君主有德，就能够"惠民""保民"，进而得到人民的支持。夏桀、商纣不重视德行，怠慢神明，虐待百姓，因此失去了天下。对于统治者而言，必须勤用明德，以德教民，人民受到统治者德政的影响，就会自觉遵循道德规范，父慈子孝，兄友弟恭，建立和谐有序的人伦关系。《尚书》将德的作用提升到政治的高度，发展出了一套"修德配命""敬德保民""明德慎罚"的德治主义思想，为后世以德治国理论的发展奠定了基础。

**3. 德，国家之基也。有基无坏，无亦是务乎！有德则乐，乐则能久。**（《左传·襄公二十四年》）

德的观念在春秋时期的政治生活中发挥着重要的作

用。《左传》将德视为国家的根基,根基稳固国家就不至于毁坏,统治者实施德政,就能实现上下同乐,长治久安。德代表了一种理想的人格品质,《左传》中的"三不朽"论,就以"立德"作为最高的要求,高于"立功"和"立言"的标准。对于国家而言,德之所以重要,是因为德与礼紧密相连,修养德性,就是以礼修身,自觉遵守礼的规范,而对德政的推崇,实际上就是对宗法礼乐制度的维护。基于这样的双向关系,德就同时具备了修身和治国两方面的作用,因此成为统治者治国安邦必须重视的对象。

## 4. 子曰:"为政以德,譬如北辰,居其所而众星共之。"(《论语·为政》)

在政治理念上,孔子继承了周王朝德治思想传统,强调以德治国。德政的基础在于统治者自身的德性,孔子强调"政者,正也",政治的本质在于端正自身,如此才能成为天下的表率。孔子以星辰为喻,认为统治者施以德政,就如同北极星处在自己的位置上一样,所有的星辰都围绕在它的周围。这里讲的是为政以德所产生的结果,统治者自明其德,言传身教,百姓受到感召,明礼守法,形成上行下效,各守其位的良性循环。政治与道德结合,能够充分发挥道德的教化作用,构建一个和谐有序的社会治理模式。

**5. 子曰："道之以政，齐之以刑，民免而无耻；道之以德，齐之以礼，有耻且格。"**（《论语·为政》）

在道德与法律之中，孔子认为道德是治理国家的核心和根本。孔子以两种不同的治理模式进行对比，他指出，通过法律来管理百姓，用刑罚来约束人们的行为，百姓虽然能免于犯罪，却不会有任何羞耻之心，反之，用道德教育百姓，用礼制规范言行，既能使百姓懂得羞耻，又能使人心归服。因此，以强制的手段治理国家，虽然能取得一定的成效，却不能实现长久的稳定，这是因为百姓表面上遵守规范，内心却没有诚服。理想的治国方式应该德礼结合，即"道之以德，齐之以礼"，其次才是政与刑，尽管二者的目的都是减少犯罪，但后者只是一种表象，前者才能从根本上解决问题。

**6. 季康子问政于孔子曰："如杀无道，以就有道，何如？"孔子对曰："子为政，焉用杀？子欲善而民善矣。君子之德风，小人之德草，草上之风，必偃。"**（《论语·颜渊》）

孔子强调为政者个人德性对于治理国家的重要作用。孔子为统治者修德提供了充足的理由，即"子欲善而民善"，为政者自明其德，就能够在无形之中影响治下的百姓，实现良好的社会治理。孔子指出，为政者的德性如同风，而百姓的德性如同草，风从草上吹过，草就会随风而动，这就指明了君子德性的重要作用。每个人都会受到环境的影响,当一个人受到君子之德的感召,就会自觉效仿,推而广之,即可实现天下大治的目标。在《论语》中,相关的论述还有很多,如:"子帅以正,孰敢不正?""其身正,不令而行;其身不正,虽令不从。""苟正其身矣,于从政乎何有?不能正其身,如正人何?"这些论述集中强调了为政者德性的作用,构成了儒家以德治国思想的重要理论基础。

**7. 孟子曰:"以力假仁者霸,霸必有大国,以德行仁者王,王不待大,汤以七十里,文王以百里。以力服人者,非心服也,力不赡也。以德服人者,中心悦而诚服也,如七十子之服孔子也。《诗》云:'自西自东,自南自北,无思不服。'此之谓也。"(《孟子·公孙丑上》)**

王霸之辩是孟子德治思想的重要内容。"王道"即"以德行仁者",主张以德服人,推行仁政;"霸道"即"以力假仁者",主张以力服人,推行强权。孟子提出"以力假仁者霸"和"以德行仁者王"的观点,认为"霸道"是假借仁义之名而行反仁义之实,只有"王道"才是真正以仁义治国,推行仁政。从历史上看,商汤以七十里土地,周文王以一百里土地,便能使人心归服,这不是因为他们有强大的军事实力,而是其圣德昭明,百姓自然归顺。在孟子看来,用暴力手段实现征服,别人并不是真心归服,而是因为自己的力量还不足以对抗,反之，以德性实现征服，能够使人从内心深处心悦诚服，这也是"王道"和"霸道"的区别所在。

8. 孟子曰："人皆有不忍人之心。先王有不忍人之心，斯有不忍人之政矣。以不忍人之心，行不忍人之政，治天下可运之掌上。"（《孟子·公孙丑上》）

孟子继承并发展了孔子"为政以德"的思想。孟子认为，每个人都有"不忍人之心"，这是本性之善的自然流露，就好像人们看到小孩掉到井中，随即产生恻隐之心，这就是"不忍人之心"的发见。将"不忍人之心"推至政治领域，就能够实现"不忍人之政"。所谓"不忍人之政"就是孟子所说的仁政。仁政是仁德在政治上的表现，主张以仁爱之心对待人民，这是君子由修身到治国平天下的转变，是道德理想与政治制度的统一。在孟子看来，人民归于仁政，就如同水向下流，野兽奔于旷野，是再自然不过的事情，因此，君子以仁爱为根本，推行仁政，如此治理天下就如同把它放在手掌上转动一样简单。

9. 礼义则修，分义则明，举错则时，爱利则形，如是，百姓贵之如帝，高之如天，亲之如父母，畏之如神明，故赏不用而民劝，罚不用而威行，夫是之谓道德之威。（《荀子·强国》）

荀子提出了"道德之威""暴察之威""狂妄之威"

的概念，并肯定了"道德之威"的积极意义。在荀子看来，道德可以完善礼乐制度，明确等级名分，使各类行为和措施切合时宜，如此一来，统治者不用依靠奖赏就能使人民勤奋努力，不用依靠刑罚就能威震天下，这就是"道德之威"的作用。荀子从人性恶的角度出发，主张礼治，礼治和德治既有联系又各有侧重，德治强调唤醒人性内部之善，而礼治强调节制人性外部之恶，二者殊途同归，都肯定道德在政治生活中的重要作用。

**10. 国有四维，一维绝则倾，二维绝则危，三维绝则覆，四维绝则灭。倾可正也，危可安也，覆可起也，灭不可复错也。何谓四维？一曰礼，二曰义，三曰廉，四曰耻。（《管子·牧民》）**

《管子》主张物质基础对于道德的决定性作用，但没有忽视道德在治理国家方面的重要意义。在《管子》看来，国有四维，分别是礼、义、廉、耻四种道德。礼即应该遵循的社会规范，义即恰当适宜的行为准则，廉即廉洁正直，耻即知耻之心。礼、义、廉、耻是国家生存和发展的根基，也是君主治国的纲纪所在。有礼就不会僭越规矩，有义就不会妄自求进，有廉就不会掩饰错误，有耻就不会同流合污。对于这四种道德，缺其一则国家倾侧，缺其二则国家危殆，缺其三则国家颠覆，缺其四则国家灭亡。《管子》对于四维的强调反映了当时历史背景下的核心价值理念，同时也表明了道德在政治中的重要作用。

## 第二节 民为邦本，本固邦宁

**1. 皇祖有训，民可近，不可下。民惟邦本，本固邦宁。**（《尚书·五子之歌》）

人民可以亲近，但不能轻视，这是因为人民是国家的根本，根本牢固，国家才会安宁。要实现这一目标，统治者必须以仁爱之心对待人民。《尚书》提到"人无于水监，当于民监"，强调时刻关注民情民生，从中反思自己的种种行为。同时，《尚书》将民意提升到天的高度，认为民意是天在人类社会中的真实反映，民意即天意，违背民意，就是违抗天命，充分体现了人民对于统治者治国安邦的重要作用。《尚书》中提到的一系列养民、利民、富民、保民的理论主张，充分肯定了人民在国家中的地位，是中国古代民本思想的最初发端。

2. 孟子曰："桀纣之失天下者，失其民也；失其民者，失其心也。得天下有道，得其民，斯得天下矣；得其民有道，得其心，斯得民矣；得其心有道，所欲与之聚之，所恶勿施，尔也。"（《孟子·离娄上》）

孟子的仁政思想强调以仁爱之心对待人民，在孟子看来，仁政之所以能够实现天下大治，就在于它能够得民心。民心集中反映了人民对于国家的态度、情感和认同，赢得民心则国家安治，失去民心则国家灭亡。从历史上看，夏桀、商纣之所以失去天下，本质在于失去了民心，因此，想要实现治国平天下的理想，就必须获得人民的支持。孟子提出了得民心的方法，即"所欲与之聚之，所恶勿施，尔也"，人民想要得到的，就想方设法地给予他们，人民所厌恶的，就不要强加给他们。孟子从仁政思想出发，指出民心向背是国家治乱兴亡的根本，反映了其对于人民主体地位的肯定和重视，为中国古代的民本思想增添了新的理论内涵。

3. 孟子曰："民为贵，社稷次之，君为轻。是故得乎丘民而为天子，得乎天子为诸侯，得乎诸侯为大夫。诸侯危社稷，则变置。牺牲既成，粢盛既洁，祭祀以时，然而旱干水溢，则变置社稷。"（《孟子·尽心下》）

孟子从君民关系上直接指出人民、社稷和统治者之间的关系，在三者之中，人民是最重要的，社稷次之，统治者为轻。社稷指中国古代祭祀活动中的土神和谷神，后引申为国家之意。孟子指出，如果用以祭祀的祭品已经准备完善，祭祀活动也按时举行，却仍然发生水旱之灾，这时就可以毁掉祭坛，另立新的土神和谷神。孟子通过这个比喻，说明人民在国家中的主体地位，如果社稷不能造福于人民，那么就可以重新更置。国家的治理同样如此，当统治者失去民心之时，人民就可以出来推翻他。人民是国家的主体，统治者对人民负有义务，诸侯社稷均可变置，但人民的地位牢固不可变动，只有得到人民的支持和拥护，国家才能够实现稳定和发展。

**4. 政之所兴，在顺民心；政之所废，在逆民心。民恶忧劳，我佚乐之；民恶贫贱，我富贵之；民恶危坠，我存安之；民恶灭绝，我生育之。能佚乐之，则民为之忧劳；能富贵之，则民为之贫贱；能存安之，则民为之危坠；能生育之，则民为之灭绝。（《管子·牧民》）**

政府的政令能否顺利推行，就在于其是否顺应民心。顺应民心的关键在于掌握人民的好恶，人们所好者有四，即"佚乐""富贵""存安""生育"，这是统治者应该去努力实现的，如果满足人民的愿望，人民就会由疏远而亲近；人们所恶者有四，即"忧劳""贫贱""危坠""灭绝"，这是统治者应该努力避免的，如果强行去做令人民厌恶的事情,人民就会由亲近而叛离。《管子》从人的自然本性出发,认为人具有趋利避害的本能,因此,统治者治理国家,需要因势利导,满足人民的利益,保障人民的生活,如此自然能够顺应民心,实现国家长治久安。

**5. 先王先顺民心,故功名成。夫以德得民心以立大功名者,上世多有之矣。失民心而立功名者,未之曾有也。得民必有道。万乘之国,百户之邑,民无有不说。取民之所说而民取矣,民之所说岂众哉?此取民之要也。**
(《吕氏春秋·季秋纪》)

建功立业的前提在于顺应民心。从历史上看,得民心而后建功名者,不胜枚举,但是失民心而后建功名者,却未曾有之。人民是国家之本,得民心者得天下,失民心者失天下,这是亘古不变的道理。获得民心有其方法,大到万乘之国,小到百户之邑,人们都有着各种各样的利益和需求,尽可能地满足人民的利益,去做那些能够让人民喜悦快乐的事情,就是获得民心的关键所在。人民的利益与国家的利益紧密相连,为人民谋利实际上就是为国家谋利,统治者为政,必须以人民的利益为中心,在行事之前,一定要先考察民情,然后再去实行,如此则民心归顺,天下太平。

**6. 为治之本,务在于安民;安民之本,在于足用;**

足用之本，在于勿夺时；勿夺时之本，在于省事；省事之本，在于节欲；节欲之本，在于反性；反性之本，在于去载。（《淮南子·诠言训》）

国家的治理是一件循序渐进的事情。如本段所言，治国首先在于使人民安定，让人民安定的根本在于丰衣足食，丰衣足食的根本在于不违农时，不违农时的根本在于减少徭役，减少徭役的根本在于节制欲望，节制欲望的根本在于返归宁静本性，返归宁静本性的根本在于抛弃内心世界的精神负担。政事之间，环环相扣，最后归于人民，而安定人民，最终又落在个人的修身活动上。本段所表明之意与儒家经典《大学》中修身、齐家、治国、平天下的过程在形式上是基本一致的，但在具体内容上引入了道家"虚静""无为而治"的哲学思想，使之具有新的理论内涵。

7. 《书》曰："抚我则后，虐我则仇。"荀卿子曰："君，舟也。人，水也。水所以载舟，亦所以覆舟。"故孔子曰："鱼失水则死，水失鱼犹为水也。"故唐、虞战战栗栗，日慎一日。安可不深思之乎？安可不熟虑之乎？（《贞观政要·君臣鉴戒》）

本段是中国古代君民关系论的经典表述。魏徵在此引用了三个典故，意在说明人民对于国家的重要意义：《尚书》中提到，爱护我的人就感恩他，虐待我的人就仇恨他；荀子则认为，统治者如同小船，人民如同河流中的水，水既能让船安稳地航行，也能将船淹没；孔子指出，君民如鱼水，鱼失去了水会死，但水失去了鱼仍然是水，不会有任何改变。这三个典故主题相同，集中论证了人民在政治生活中的重要作用。人民在历史发展中具有决定性力量，顺应民心能够得到人民的拥护，违背民心则会被人民推翻。统治者对待人民的态度直接决定了人民对待统治者的态度，爱民、利民，人民就会亲近统治者，反之，虐民、害民，人民就会背离统治者。

**8. 君依于国，国依于民。刻民以奉君，犹割肉以充腹，腹饱而身毙，君富而国亡。故人君之患，不自外来，常由身出。夫欲盛则费广，费广则赋重，赋重则民愁，民愁则国危，国危则君丧矣。**（《资治通鉴·唐纪八》）

君主、国家、人民的关系紧密相连，没有人民就没有国家，没有国家就没有君主。在正常状态下，君主依靠国家，国家依靠人民，三者之间形成平衡。但从历史上看，一些君主将国家视为自己的私有物，对人民进行剥削，满足自己的欲望。这种行为如同从身上割肉来充腹，腹饱而身死，君主虽然获得了财富，但国家也因此灭亡。在一些时候，国家的忧患不出自外界，而在于自身。君主治国必须先正其身，身正则影正，上治则下治。将大量的资源财富用以满足自己的私欲，人民赋役繁重，就会危及国家生存的根基，相反，将精力用以满足人民的利益，人民丰衣足食，就能够安居乐业，国泰民安。

**9. 古者以天下为主，君为客，凡君之所毕世而经营者，为天下也。今也以君为主，天下为客，凡天下之无地而得安宁者，为君也。**（《明夷待访录·原君》）

黄宗羲继承并发展了儒家的民本主义传统，提出"天下为主，君为客"的理论主张。黄宗羲认为，在古代，人民是天下的主人，因此，人民爱戴他们的君主，把君主视为自己的父亲，这是很正常的事情，但是随着封建统治制度的发展，君主颠倒了自己与天下的关系，逐渐取代人民的位置，成为天下的主人，此时，人民开始仇视统治者，把他视为仇敌，并称之为"独夫"。君主滥用权力，剥削人民，使民生凋敝，天下不得安宁，这是"君为主"所导致的必然后果。在黄宗羲看来，无论在什么样的历史时期，人民都是天下的主人，君主应该以人民为本，为天下万民谋利。黄宗羲"天下为主，君为客"的思想对封建专制主义提出了严厉批判，推动了中国古代民本主义的新发展。

**10. 惟古帝王，知国之所自立，民之生所由厚、德所由正也，克谨以事天，而奉天以养民。**（《尚书引义》）

在王夫之看来，治国的根本在于人民，这是因为人民与代表"正当性""合法性"源泉的"天"紧密联系在一起。王夫之肯定《尚书》中"天视自我民视，天听自我民听"的说法，认为人民的视听等于天的视听，民意等于天意，从这个层面出发，民与天相通，人民具有了天的地位。因此，听从民意，满足人民的利益需求，就是遵循天道的规定，统治者必须尽可能地惠民、利民、养民，这一治国之道具有无可置疑的正当性与合法性。在这一基础上，王夫之提出"即民见天""援天以观民"的理论主张，表面上是要揣测天意，但实际上是强调关注民生，听取民意，保障人民的生存基础，从而实现天下为公的政治理想。

## 第三节　德法兼治，刚柔并施

**1. 惟乃丕显考文王，克明德慎罚，不敢侮鳏寡，庸庸，祗祗，威威，显民。**（《尚书·康诰》）

《尚书》主张德治，但没有因此而忽视法律的作用，其法治精神可以概括为"明德慎罚"。明德即修身正心，彰显圣大光明的德性，慎罚即谨慎使用刑罚，不乱罚无罪，不乱杀无辜。在《尚书》看来，治理国家以道德教化为主，以刑罚手段为辅。道德教化作用于人的内心，使人形成道德自觉，而刑罚则以强制性手段规范人们的行为，使人们不敢肆意妄为。《尚书》指出，使用刑罚时必须根据法律依据进行裁断，反对滥用私刑，最终判决时，必须谨小慎微，多加考察，判决结果必须公正客观，使人信服，如果犯罪之人表现出悔过之意，可以依据情况适当减轻量刑。《尚书》"明德慎罚"思想的核心在于道德与法律相互配合，从内外两方面实现国家的治理，体现了中国古代德治主义传统和法治主义精神。

**2. 政以治民，刑以正邪，既无德政，又无威刑，是以及邪。邪而诅之，将何益矣。**（《左传·隐公十一年》）

本段将道德与法律作为治国的两种手段，并讨论了德政与刑罚的不同作用。具体而言，德政具有仁厚的性质，用以教化百姓，刑罚具有威严的性质，用以纠正邪恶。二者作用不同，构成国家治理的两个方面，统治者治国安民，必须以二者作为手段，相互协调，形成互补。邪恶之所以会出现，是因为既没有德政作为基础，又没有刑罚作为保障。在当时的社会历史条件下，人们已经认识到仅仅依靠祭祀鬼神的方式来治理国家，是没有实际效果的，统治者只有内修明德，外定律法，以道德和刑罚作为双重手段来管理国家，才有可能树立威严，驱除邪恶。

**3. 治之经，礼与刑，君子以修百姓宁。明德慎罚，国家既治四海平。**（《荀子·成相》）

荀子的政治思想强调"隆礼重法"，在荀子看来，治理国家的纲领在于礼与刑，礼通过道德教化百姓，刑通过法律具体实施。在礼与法的先后问题上，荀子主张先礼后法，礼主法辅。荀子继承了儒家的德治主义传统，以德治作为政治的根本，同时又引入法治作为德治的保障。在荀子看来，德治与法治必须统一，道德能够教化人心，但需要法律作为制度保障。同样，法律虽然能够取得一定的效果，但是如果缺少人为因素来具体实施和操作，也会陷入混乱的局面。德治与法治相辅相成，只有充分发挥二者的作用，以道德教化百姓，以法律规范行为，才能实现国家长治，四海太平。

## 4. 圣君任法而不任智，任数而不任说，任公而不任私，任大道而不任小物，然后身佚而天下治。（《管子·任法》）

《管子》重视法律在治理国家中的重要作用，认为"法度者，主之所以制天下而禁奸邪也，所以牧领海内而奉宗庙也"，法律是君主用来治理天下、禁止奸邪产生的方式，圣明的统治者依靠法律而不依靠智谋，这是因为完备的法律能够规范人们的行为，从而实现天下大治的效用。《管子》指出，仁义礼乐等道德因素，都是从法律里面产生的，因此，治理国家首先要制定相应的法律。制定法律的原则在于顺应天道，合乎人情，符合天地自然和社会发展的规律。法律一旦制定，其权威性就高于君主，无论君臣、上下、贵贱，必须一致遵守，这体现了法律面前人人平等的法治精神。

**5. 夫圣人之治国，不恃人之为吾善也，而用其不得为非也。恃人之为吾善也，境内不什数；用人不得为非，一国可使齐。为治者用众而舍寡，故不务德而务法。**（《韩非子·显学》）

作为法家思想的代表人物，韩非子的政治理论主张"以法治国"，认为治理国家凭借的是完备的法律制度。在韩非子看来，形成天下大治的条件，不是依赖于人们自觉行善，而是依赖于人们不敢行恶，而规范人们行为，使人们不敢行恶的前提，就在于法律。尽管韩非子强调"不务德而务法"，但也没有完全忽视德的作用，韩非子指出："明主之所导制其臣者，二柄而已矣。二柄者，刑德也。"刑、德即罚、赏两种手段，刑主杀戮，德主奖赏。"凡治天下，必因人情。人情者有好恶，故赏罚可用。"人情有好恶，因而可以使用赏罚，但赏罚的施行必须有法律作为保障，由此实现了道德与法律的统一。

**6. 圣人治天下，必有刑罚何？所以佐德助治，顺天之度也。故悬爵赏者，示有所劝也；设刑罚者，明有所惧也。**（《白虎通·五刑》）

古代统治者在治理天下的过程中，必然采取法律作为强制性手段，原因在于法律可以有效地辅佐德治。《白虎通》指出，刑罚不是最终目的，而是实现道德教化的手段，"五刑者，五常之鞭策也"，"五刑"指墨、劓、剕、宫、大辟五种刑罚，"五常"指仁、义、礼、智、信五种德性。"五刑"虽然残酷,但它的存在能够使人们产生恐惧的心理,因此不敢作恶,这就为人们践行仁义礼智信的道德规范提供了可能。道德的作用在于进行奖赏,以显示应该鼓励什么,而法律的作用在于进行惩戒,以显示必须畏惧什么,将二者的效用结合起来,就能够实现国家的治理。

**7. 夫治国之本有二:刑也,德也。二者相须而行,相待而成矣。天以阴阳成岁,人以刑德成治。故虽圣人为政,不能偏用也。**(《世要论·臣不易》)

治理国家的根本方针在于刑与德。刑以法律的制定和实施作为内容,强调公正、权威,通过制度性措施,为人民提供良好的生活秩序,是治国理政的制度保障。德以道德教化作为内容,通过道德教化提高百姓的整体素质,在社会层面形成普遍的道德自觉,使人民乐于行善,耻于作恶。德与刑的结合本质上是德治与法治的统一。德治与法治相辅相成,即使是圣人为政,也不可偏用。《世要论》在总结历朝历代政治兴衰得失的经验与教训上,提出了"德治为主,法治为辅,德法并用"的政治主张,推动了中国古代的政治实践发展。

**8. 德礼为政教之本,刑罚为政教之用,犹昏晓阳秋相须而成者也。**(《唐律疏议·名例律》)

《唐律疏议》开篇即点明了德礼和刑罚在政治中的作用，并从哲学的体用层面来论证其关系。具体而言，德礼是政治的根基，在政治中占有本体地位，是"本"，而刑罚是政教的具体实施，在政治中起到辅助作用，是"用"。体用之间密不可分，因此道德与法律也须臾不可离，共同构成上层建筑的组成部分。尽管德礼与刑罚具有体用之别，但是二者又紧密联系，如同昼夜更替、四季交换一样互相转化，在动态中形成统一。治理国家，不仅要重视道德作为内在的根本性作用，也不能忽视法律作为外在的措施与手段，应调和道德与法律的关系，使二者达到体用合一，共同作用于政治生活。

**9. 论者谓有治人无治法，吾以谓有治法而后有治人。自非法之法桎梏天下人之手足，即有能治之人，终不胜其牵挽嫌疑之顾盼，有所设施，亦就其分之所得，安于苟简，而不能有度外之功名。（《明夷待访录·原法》）**

黄宗羲对"法"的内涵提出了新的见解，在黄宗羲看来，"三代以上有法，三代以下无法"，这是因为三代以上之法，"未尝为一己而立"，而三代以下之法，"何曾有一毫为天下之心哉"。黄宗羲认为，真正的法律应该代表天下万民的利益，而不是为了满足统治者的一己私欲，因此，治理国家的关键在于有"治法"。黄宗羲提出"有治法而后有治人"的观点，认为自从天下开始实施

"非法之法"后，即使有善于治理天下的人，也不能摆脱坏的法律的束缚，因此，只有首先确立法律之正，然后才有可能出现善于治理的人。黄宗羲的法治思想以"天下之法"反对"一家一姓之法"，这实际上和他对于封建君主专制的批判是一致的。

**10. 法不可以治天下者也，而至于无法，则民无以有其生，而上无以有其民。故天下之将治也，则先有制法之主，以使民知上有天子、下有吏，而己亦有守以谋其生。（《读通鉴论·五代下》）**

王夫之既重"法治"，也重"人治"，认为"法治"与"人治"是治理国家必须依靠的两种手段。在王夫之看来，在天下得到治理之前，必定有一位能够重视法的作用并制定完备法律的圣人出现，使"法治"与"人治"达到有机结合，而后才能实现天下大治。"法治"的实现必须与"人治"相结合，否则就容易产生弊端，"法之弊也，任法而不任人"，法律的具体实施必须依靠人为因素来进行，但由于自身条件的限制，统治者无法做到每一件政事都亲力亲为，有时候必须委托其他人来进行具体操作，在这个过程中，就可能产生混乱。因此，"任人"的关键在于选取德才兼备、廉洁奉公的人来处理政事，以此实现"法治"和"人治"的统一。

## 第四节　制治于未乱，保邦于未危

**1. 王曰："若昔大猷，制治于未乱，保邦于未危。"**（《尚书·周官》）

从中华文明的历史来看，即使国家处于稳定与发展时期，仍然可能滋生不稳定的因素，此时如果不能发现问题，及时改变，就会造成不可逆转的局面，导致国家陷入危机。《尚书》中提出了正确处理的方式，即"制治于未乱，保邦于未危"，在未出现动乱的时候制定治理的办法，在未出现危机的时候安定好国家。这种方法对统治者为政提出了要求，开明的统治者不能高枕而卧，安而忘危，应该励精图治，勤于政事，预先制定好保障措施，防患于未然，才能实现国家长治久安。《尚书》

由古及今，从历史中总结经验教训，以此教化后人，为后世的政治实践提供了理论指导。

2. 《书》曰："居安思危。"思则有备，有备无患。（《左传·襄公十一年》）

中国古代一直有"居安思危"的思想传统，《左传》中指出，身处安全的环境中，要想到可能出现的潜在威胁，考虑到危险的存在，才能更好地进行准备，从而杜绝祸患的产生。从现实生活中看，人们往往难以做到居安思危，防微杜渐，这是因为人们习惯于安定的环境，容易被眼前的假象所欺骗，无法察觉隐藏在其背后的危险，因此遭遇灾祸。要防止这一现象，必须时刻保持谨小慎微，不沉溺于眼前的利益，从整体的视野看待问题，全面把握事物的本质。本段所表明的居安思危思想，不仅是个人修身养性、安身立命的根本，而且对于兴国安邦、平治天下具有重要的启示作用。

3. 子曰："危者，安其位者也；亡者，保其存者也；乱者，有其治者也。是故君子安而不忘危，存而不忘亡，治而不忘乱，是以身安而国家可保也。（《周易·系辞下》）

危险、灭亡、祸乱不会平白无故地产生，危生于安，亡生于存，乱生于治，危与安，亡与存，乱与治是一体之两面，尽管相互对立而存在，但也能在一定的条件下互相转化。因此，要意识到任何事物都有着正反两面，并且处于动态发展之中，安全和稳定只是暂时的，如果不能透视事物的反面，意识到安全和稳定也有可能转变为危险和祸乱，从而及时做出防范，事物就有可能朝着反面发展，最终导致灾难的发生。君子安身的正确态度是"安而不忘危，存而不忘亡，治而不忘乱"，即在安全中思考危险，在生存中预防灭亡，在治理中警戒灾乱，居安思危，未雨绸缪，如此才能保全自身，治理天下。

**4. 子曰："人无远虑，必有近忧。"（《论语·卫灵公》）**

一个人如果没有长远的考虑，就一定会有眼前的忧患。能产生"远虑"的关键在于忧患意识，一方面，孔子认为人们应该忧于自身的修养，"德之不修，学之不讲，闻义不能徙，不善不能改，是吾忧也"，德性是否加以修养，学习是否认真探求，听到义是否去践行，不善的地方是否改正，这是个人修身的基础，也是人们应该长远考虑的问题。另一方面，孔子认为人们应该忧于国家的发展，国家的治乱兴衰是君子应该关切的现实问题。可见，孔子所说的"远虑"不仅仅是关于自身的考量，同时也是对于家庭国家的关注，这种忧患意识与其修齐治平的"内圣外王"之道是紧密联系在一起的。

**5. 人恒过，然后能改；困于心，衡于虑，而后作；征于色，发于声，而后喻。入则无法家拂士，出则无敌国外患者，国恒亡。然后知生于忧患而死于安乐也。**（《孟子·告子下》）

本段中孟子使用排比的句式，意在引出"生于忧患而死于安乐"的结论。在孟子看来，人生在世，难免遭遇困顿，但只要勇于面对自己的处境，就能化艰险为前进的动力，在忧患之中奋起直追，实现人生的价值。孟子以人生的处境类比国家的处境，认为一个国家如果在内没有坚守法度的大臣和足以辅佐君王的贤士，在外没有实力相当的敌人作为对手，往往是要灭亡的，这是因为忧患使人奋发，安乐使人败亡，安逸的环境不利于个人的成长，也不利于国家的稳定和发展，反之，外部的挑战和压力可以转化为内部的决心和动力，创造新的机遇。孟子"生于忧患而死于安乐"的观点强调忧患意识对于个人成长的重要作用，体现了儒家奋发向上、积极有为的人生哲学。

**6. 配天而有下土者，先事虑事，先患虑患。先事虑事谓之接，接则事优成。先患虑患谓之豫，豫则祸不生。事至而后虑者谓之后，后则事不举。患至而后虑者**

谓之困，困则祸不可御。(《荀子·大略》)

本段是荀子授"天子三策"的第二策，在荀子看来，想让一件事情成功，必须在事情发生之前就考虑到各种情况，预先准备，如果在灾难发生之后才意识到，就为时已晚，事情也可能走向失败。荀子提出了智者处世的原则，"故知者之举事也，满则虑嗛，平则虑险，安则虑危，曲重其豫，犹恐及其祸，是以百举而不陷也"，即在圆满之时考虑不足，在顺利之时考虑艰险，在安全之时考虑危险，各方面都考虑周到，唯恐遭到祸害，因此才能万无一失。荀子认为，当灾难发生之后再保持谨慎是没有意义的，事后的懊悔不如事前的准备，人应该充分发挥自身的能动性，主动去思考事物的各种可能发展方向，防患于未然，如此才能获得成功。

## 7. 凡事豫则立，不豫则废。言前定则不跲，事前定则不困，行前定则不疚，道前定则不穷。(《礼记·中庸》)

"豫"即预先准备的意思，"先患虑患谓之豫，豫则祸不生"，一件事情如果事先做好了准备，就能够获得成功，反之，则容易导致失败。在做一件事之前，必须确定好长远的计划，没有计划就去做一件事情，不仅浪费时间和精力，使效率大打折扣，而且无法应对可能出现的各种情况，事倍功半。本段指出了"豫"所能带来的效果：说话预先想好就不会一时语塞，做事预先想好就不会感到困难，行动预先想好就不会懊恼反悔，道路预先想好就不会走投无路。可以看到，"豫"和"不豫"作为两种不同的行为方式，所带给人的结果是完全不同的，一个人想要最终取得成功，事前的准备和计划必不可少。

## 8. 盖明者远见于未萌，而智者避危于无形，祸固多藏于隐微，而发于人之所忽者也。（《谏猎书》）

本段节选自司马相如上表汉武帝减少狩猎活动的谏疏。文章层层递进，以"有形之险"引出"无形之险"，司马相如指出，"前有利兽之乐，而内无存变之意，其为害也不亦难矣"，两种心理进行对比，认为"有形之险"虽能避免，但"无形之险"难以防止，因此应该"避危于无形"，防患于未然。司马相如将这一问题上升至普遍性层面，认为祸乱多隐藏于隐蔽微小之处，而发生于人们经常忽视的地方。因此，聪明智慧之人总是在事端尚未萌生时就能预见到，在危险还未形成之前就能避开它，这实际上是以狩猎为喻，劝谏汉武帝应以国事为重，居安思危，不可玩物丧志，因小失大。

## 9. 然隋以富强而丧，动之也；我以贫寡而安，静之也。静之则安，动之则乱，人皆知之，非隐而难见、微而

**难察也。不蹈平易之涂，而遵覆车之辙，何哉？安不思危，治不念乱，存不虑亡也。**（《新唐书·魏徵传》）

从历史上看，隋朝虽然富强，但是其社会动荡，民心不稳，最终导致了国家灭亡的结果。社会动荡，国家就会乱亡，这是显而易见、尽人皆知的道理，但是隋朝为什么会走上这条路呢？魏徵以为，其原因就在于隋朝的统治者"安不思危，治不念乱，存不虑亡"，不能在动荡发生之前及时发现问题，最终酿成巨大的灾难。因此，在给唐太宗的谏疏中，魏徵特别强调居安思危，"自古失国之主，皆为居安忘危，处治忘乱，所以不能长久"，魏徵还以树木和河流进行比喻，认为树木想要长得茂盛，一定要使它的根牢固，河流想要流得长远，一定要疏通它的源泉，同样，国家想要得到治理，统治者必须戒奢从简，居安思危，这是治国安邦的根源所在。

## 10. 备豫不虞，为国常道。岂可以水未横流，便欲自毁堤防？（《贞观政要·直谏》）

治理国家必须具备忧患意识，提前预防意料不到的情况，正如在水患还未泛滥之前，必须修建并加固堤坝。对于国家而言，最重要的是居安思危、未雨绸缪，越是处在安定时期，越要有忧患意识，要深刻认识到危险产生于安全之中。千里之堤，溃于蚁穴，一个细微的隐患也能够酿成巨大的灾难。如果不能重视任何一个微小的细节，不能考虑长远的计策，不能做出预先谋划，社会就可能产生动乱，国家就可能导致灭亡。忧患意识是对历史经验的深刻认识和总结，也是国家稳定和繁荣的重要保障，中华文明正是在不断地应对危机和挑战的过程中实现传承和发展的。

# 第五章
# 世代相传的家国情怀

中华文明具有深厚的家国情怀,这一情怀奠基于"家国一体"的伦理认同,为中华文明的传承发展注入了源源不断的精神血脉。中华文明浓厚深远的血缘世系培育了中华民族的根脉意识,使之认识到有国才有家,家宁国才安。在漫长的历史进程中,这一情怀逐步发展为"苟利社稷,死生以之"和"天下兴亡,匹夫有责"的价值取向,前者表现出中华民族"以小我融入大我"的精神理念,后者则彰显了中华民族博施济众的天下情怀。个人的生命有限,但国家民族的事业具有永恒性,将个人成就与国家民族伟业相连,激发出中华民族数千年为文明事业不惜献身的斗志。中华文明有着宏大的共同体视野，一家一国的安宁富强不是其所追求的终极目标，整个天下的繁荣永续才是其崇高的理想。基于这一目标，中华民族不断攻坚克难，砥砺前行，坚贞的爱国情感汇聚成长存天地间的"民族正气"，展现出中华文明坚韧不拔、奋发向上的宏大气魄。深厚的"家国情怀"是中华文明在发展过程中形成的独特的伦理精神，深深植根于中华文明的民族血脉之中。

## 第一节　家国一体，保家卫国

1. 有子曰："其为人也孝弟，而好犯上者，鲜矣；不好犯上，而好作乱者，未之有也。君子务本，本立而道生。孝弟也者，其为仁之本与！"（《论语·学而》）

在中国传统社会中，家庭是个体得以存续的核心单位。家族的凝聚依托于成熟的家庭伦理规范，这一规范的核心是儒家修德以成人的意识。拥有孝悌美德的人懂得尊敬长辈，就不会引发家庭规范秩序的失调。"君子务本，本立而道生"表明君子的立身之本在于符合大道，"孝弟也者，其为仁之本与"则更清晰地指出"孝弟"是家庭美德中"仁"的表现，其中"孝"是对于长辈的敬重之德，"弟"同"悌"，指弟弟对兄长的尊敬。"孝弟"贯通了家庭伦理各个方面，展现了中华文明对于家庭和睦、社会和谐的展望。

**2. 孟子曰："人有恒言，皆曰：'天下国家。'天下之本在国，国之本在家，家之本在身。"（《孟子·离娄上》）**

本段表明了儒家家国天下一体的宏大视野以及身、家、国、天下四者的递进相通关系。在中国传统文化中，"天下"是含义最为广阔的文化概念，不仅具有政治意义，更表征着整个人类文化世界。"国"指代由多民族组成的政权共同体，"家"则是由血缘宗法关系汇聚的亲缘共同体。"天下国家"表明家、国、天下三者本质上同属一源，并非相互割裂。"家"的本质属性扩大化即成了"国"，"家""国"之间的相互融合则汇聚成"天下"，因此，有什么样的家风成就什么样的国纪，进而展现出什么样的天下情怀。中华民族自古秉持以家庭教育通达国家礼法的意识，蕴含着深厚的"家国天下"情怀。

**3. 夫孝，始于事亲，中于事君，终于立身。（《孝经·开宗明义》）**

人天生具有亲缘情感的基础，这种情感萌发于侍奉亲爱之人的活动中，进而推及侍奉君主，最终完成于君子人格的实现中。从人类原始生存意义的角度说，这种情感的初始表现形式为中国传统的"孝"德，"孝"是家庭领域中"仁"德的具象化，进一步则扩大为国家领域中的"忠"德。因而忠孝本质上是同一种德性，源于同一种人类情感。透过"孝"的情感本质，家庭和国家构成了一个个体得以完善自身人格的综合实践统一体，中华文明的"家国一体"信念也由此展开。

**4. 亲亲故尊祖，尊祖故敬宗，敬宗故收族，收族故宗庙严，宗庙严故重社稷，重社稷故爱百姓，爱百姓故刑罚中，刑罚中故庶民安，庶民安故财用足，财用足故百志成，百志成故礼俗刑，礼俗刑然后乐。（《礼记·大传》）**

本段彰显了中华文明家国一体、以家治国的礼法意识。一方面，家国治理高度统一。礼源于人的自然亲缘情感，由对血缘亲属的敬爱升华为对宗族先祖的敬仰，对宗庙的重视进一步深化为中华民族不忘根本的意识，进而内化于国家政治治理活动之中，展现为爱民、利民的民本理念。另一方面，家国内源彼此契合。中国传统思维中，"宗庙社稷"是个统一概念，于国于家，宗庙都表征着起源，而社稷则表征着治理对象，国和家有着相同的构成逻辑，这一同构逻辑直接培育了中华民族的家国共生理念。

**5. 无所不顺者之谓"备",言内尽于己而外顺于道也。忠臣以事其君,孝子以事其亲,其本一也。上则顺于鬼神,外则顺于君长,内则以孝于亲,如此之谓"备"。**(《礼记·祭统》)

"备"意指圆满完美的状态,而这需要以"顺道"为基础。顺应天地之道,人就能培育完善的人格,悖逆天地之道,人自然有所缺陷。"顺道"意味着人向内要发散自己的良善之心,向外则遵循仁义礼教的规范。这要求人以"忠"待国,以"孝"顾家。"忠臣以事其君,孝子以事其亲,其本一也"说明臣子尽职于国家君主,孝子侍奉于亲爱之人,其行为本质上是一致的,因为这都是人顺应于天地之道的做法。为人臣子要求尽职尽责,为人子孙要求尽心尽力,这都是天地之道的内在必然性。借助这一必然性,中华民族意识到"家"和"国"的统一性,为国尽忠,在家尽孝,这样的行为有着相同的道德合法性。

**6. 一家仁,一国兴仁;一家让,一国兴让;一人贪戾,一国作乱。其机如此。**(《礼记·大学》)

本段表明中华民族家国关系的同源同构性。在中国传统社会结构中,家庭是个体生存发展的基本单位,沉淀着个体的血脉记忆和情感归属。国家则是无数个小家汇聚成的大共同体,凝结着无数个体协同合作所形成的关系。依据传统宗法等级秩序,国家本质上是一个大家庭，是小家的扩大化。家与国相互影响，家庭重视仁德以培育有仁爱之心的人，国家必然兴起仁爱的风尚；家庭重视宽让以培育有利他之心的人，国家必然得以营造和谐的社会氛围；如果有一人贪婪暴戾，国家就会发生动乱，导致困境不互助，顺势亦相争的局面。因此，中华民族重视家庭家风教育，以此作为国家道德教化的补充。

**7. 若使天下兼相爱，国与国不相攻，家与家不相乱，盗贼无有，君臣父子皆能孝慈，若此则天下治。故圣人以治天下为事者，恶得不禁恶而劝爱？故天下兼相爱则治，交相恶则乱。**（《墨子·兼爱上》）

墨子认为天下伦理秩序失调，其根源在于人的自私之心。在墨子看来，家庭伦理关系的失位必然导致国家秩序的混乱，进而引发各国相互攻伐。欲使天下和合共生，必须以"爱"作为价值原则，培育爱人之心。墨子基于"兼爱""非攻"的理论主张，描绘了一幅国与国不相攻伐，家庭内部和谐融洽，伦理关系各安其位的愿景，揭示了"大爱"的作用。墨子进一步将"爱"的本质解释为一种博爱精神，认为"爱"是人与生俱来的仁爱情感，这种爱无关身份地位，指向的是无差别的人本身。这种"兼爱""非攻"的伦理精神突出了中华民族的大爱情怀，蕴含着家国互为一体的深刻主题。

**8. 天下大乱，无有安国；一国尽乱，无有安家；一家皆乱，无有安身。**（《吕氏春秋·有始览》）

本段表明中华民族深厚的家国命运共同体理念。人无法孤立地生存于共同体外，必然会和其他个体产生各种关系，正是这些关系演变为共同体内外部的黏合剂。个体依据关系组成家庭，家庭依据关系构成国家，国家依据关系抽象化为天下，体现出一条由小及大的发展逻辑，揭示了家、国、天下间的同源属性。基于此观念，天下秩序如果崩坏，国家就会产生混乱；国家混乱必然导致家庭稳定性的缺乏；家庭不安定，个体生命便会受到影响。因此，家国之间关系紧密，有国才有家，国家稳定与否直接决定了家庭的命运，二者共同遵循一条生存法则。

**9. 抱朴子曰："烈士之爱国也如家，奉君也如亲，则不忠之事，不为其罪矣。仁人之视人也如己，待疏也犹密，则不恕之怨，不为其责矣。"**（《抱朴子外篇·广譬》）

有志之人必是胸怀大爱的人，肩负保家卫国的责任。这样的人尊敬君主如同侍奉亲人，对待他人如同对待自己，哪怕是对待关系疏远的人也如同亲近之人。这种博爱精神转化为普遍之爱，凝结为一种纯粹的责任意识。"爱国也如家"指明对家庭的归属感上升为对民族国家的归附认同感，确立了作为国家成员的终极目标。"奉君也如亲"体现将家庭"孝"德上升为国家"忠"德的"忠孝一体"的理念。"待疏也犹密"则揭示了能够由家及国的原因,即家国之爱本质上是同一种爱。这种爱深化了对中华文明家国一体的认识,铸就了中华民族爱国爱家、以家成国的情怀。

**10. 年去年来白发新,匆匆马上又逢春。**
**关河底事空留客,岁月无情不贷人。**
**一寸丹心图报国,两行清泪为思亲。**
**孤怀激烈难消遣,漫把金盘簇五辛。**(《立春日感怀》)

本诗表达了诗人对岁月变迁的感慨,直抒"忠孝难两全"的无奈之情。"关河底事空留客,岁月无情不贷人"一联描绘了一幅因前线战事而难以归家,但岁月不等人,亲人易逝的图景,为感情的抒发提供了说明。中华民族自古有着深厚的责任意识,在家尽孝以侍奉亲爱之人,为国尽忠以成就国家功业,"于家为国"的信念烙印于每一代中华儿女的心中。但世事难料,忠孝之间难免发生冲突。这一矛盾的解题之法在于将小我融入大我,家庭和谐必依附于国家功业的实现,"一寸丹心图报国"一句体现了诗人尽心报国之志,于是"孝"德最终借助于"忠"德而展现。"两行清泪为思亲"抒发了作者报国却难尽孝的遗憾之情。通过两相对比,彰显了诗人以国为家、保家卫国的爱国主义情怀。

## 第二节　苟利社稷，死生以之

**1. 子曰："君子谋道不谋食。耕也，馁在其中矣；学也，禄在其中矣。君子忧道不忧贫。"（《论语·卫灵公》）**

本段表明儒家志于求道求学，摒弃世俗私利的观念，体现出中华民族以弘道为己业的社会责任意识。儒家精神的根源在于"道"，"道"作为一个本源概念，表征着万事万物得以生灭变化的根据，凝结升华为儒家所遵循的价值动力和行为准则，演化为儒家所秉持的社会实践规范。儒者遵循"道"的原则，竭力构建良善的世俗秩序。孔子有言，君子不因物质财富而停止逐道。"耕也，馁在其中矣；学也，禄在其中矣"指明君子志不在衣货财物，而是尽心体悟道而能有所得。"君子忧道不忧贫"进一步说明君子甘于奉献己身以利国家事业的信念，表现出儒家安贫乐道的精神品质。

**2. 儒有内称不辟亲，外举不辟怨，程功积事，推贤而进达之，不望其报，君得其志。苟利国家，不求富贵。（《礼记·儒行》）**

《儒行》一篇主要通过论述儒者行为的方式，阐释儒家所推崇的价值信念。自古儒家秉持仁爱美德，追求"内圣外王"的理想人格，在修身养性的基础上，积极参与社会事务。在推贤举能的活动中，儒者不因亲属关系而躲避，不因私怨而埋没人才，坚持考察事功的原则，为国家选举贤才。这一行为体现了儒者并非为追求回报而履行角色职能，而是以图实现心中抱负，即创造一个物尽其用、人尽其才的大同世界。"苟利国家，不求富贵"一句更凸显儒家公义高于私利的价值取向，表明了儒者大爱无疆、一心报国的价值信念，表现出中华文明崇高的道德理想。

**3. 郑子产作丘赋，国人谤之，曰："其父死于路，己为虿尾，以令于国，国将若之何？"子宽以告。子产曰："何害？苟利社稷，死生以之。且吾闻为善者不改其度，故能有济也。民不可逞，度不可改。《诗》曰：**

'礼义不愆，何恤于人言。'"（《左传·昭公四年》）

《左传》以述史的方式展现了中华文明以社稷为重的精神信念。本段记载了郑国子产为挽救时弊而改革郑国军赋制度，却受人非议的史实。郑国人讥讽子产祸国坏政，将他比喻为蝎尾，以此讽刺他祸害极深。子宽将民众言论转告子产，子产非但不在意，反而认为自身的行为完全依据道义礼法，有着充分的合理性，因此他抛却一己私利，奋力投身于国家改革的伟业中。"苟利社稷，死生以之"表明子产不顾及个人名誉，只要真正有利于国家事业，奉献个人生命也在所不惜，彰显了赤心报国的爱国主义情怀。

**4. 遥望中原，荒烟外、许多城郭。想当年、花遮柳护，凤楼龙阁。万岁山前珠翠绕，蓬壶殿里笙歌作。到而今、铁骑满郊畿，风尘恶。**

**兵安在，膏锋锷。民安在，填沟壑。叹江山如故，千村寥落。何日请缨提锐旅，一鞭直渡清河洛。却归来、再续汉阳游，骑黄鹤。**（《满江红·登黄鹤楼有感》）

南宋时期战乱频繁，国家动荡不安，民众生活不宁。岳飞有感国家衰败的困境，发出北上收复失地的呼声，但因国家内乱而不能得志。这首词创作于岳飞奉命回防鄂州之时，在黄鹤楼上，岳飞抒发了忧国忧民的爱国主义之情。整首词极具豪放派风格，以"想当年""到而今""却归来"为时间线索，通过对比往昔国家的繁荣景象和今时国家的残破不堪，表达了战争的残酷和自身的悲愤之情。词人在结尾处通过想象的手法，描写了光复中原后的轻快场面，借此表达自己对挥师北伐的迫切愿望和收复中原的决心。

## 5. 凡事如是，难可逆见。臣鞠躬尽力，死而后已，至于成败利钝，非臣之明所能逆睹也。（《后出师表》）

本段选自《后出师表》，写于诸葛亮第二次北伐之前。在文中，诸葛亮苦心孤诣，义正词严，多次申明北伐的重要意义，展现出顽强坚毅的决心和尽心报国的夙愿。"凡事如是，难可逆见"指出时局变化不定，三国之争亦未曾停止，世事难以预料。"鞠躬尽力，死而后已"这一千古绝唱则抒发了作者感念知遇之恩，以国家事业为重的情怀。只要能推动国家功业的实现，失去己身生命又如何？既为人臣子，自然要尽心尽力履行好职责。"至于成败利钝，非臣之明所能逆睹也"则体现出作者唯愿尽心做事，以报国信念超越结果导向的观念，深藏着中华文明以天下为己任的责任担当。

## 6. 安得广厦千万间，大庇天下寒士俱欢颜，风雨不动安如山。呜呼！何时眼前突兀见此屋，吾庐独破受冻死亦足。（《茅屋为秋风所破歌》）

本诗写于唐朝安史之乱期间，杜甫弃官来到成都，在浣花溪旁盖了一所茅屋,并居住于此。时间过去没多久,居所遭遇了一场大雨,大风破屋,诗人由眼前之景联想到个人和国家的悲惨命运,发出万千感慨,并写下此篇。在诗中,杜甫借用"安得广厦千万间,大庇天下寒士俱欢颜"描绘了一幅社会和谐的未来图景,以讽刺当时社会不公的局面,同时也体现了自身的功业抱负。"吾庐独破受冻死亦足"表明诗人愿舍弃自身以成就社会公利的牺牲精神,展现出心怀天下的博爱精神。诗歌以自身遭遇之事实为铺垫,情绪层层递进,通过现实与理想愿景的对比,直抒胸臆,表现出诗人舍己为人的高尚品德和济世救民的崇高理想。

**7. 嗟夫!予尝求古仁人之心,或异二者之为,何哉?不以物喜,不以己悲,居庙堂之高则忧其民,处江湖之远则忧其君。是进亦忧,退亦忧。然则何时而乐耶?其必曰"先天下之忧而忧,后天下之乐而乐"乎!噫!微斯人,吾谁与归?(《岳阳楼记》)**

范仲淹是北宋时期杰出的政治家、文学家,在他生活的年代,北宋政府内忧外患,矛盾日益突出,因此,以范仲淹为首的政治集团开始进行改革,后人称之为"庆历新政"。这次改革触及了封建大地主阶级保守派的利益,最终以失败告终,范仲淹也因此被贬邓州,并写下此篇。在这篇文章中,范仲淹表达了自身虽然遭到贬谪,但仍然心忧国事的爱国主义情怀。"不以物喜,不以己悲"是作者内心最真实的写照，这种坚强的意志转化为强烈的责任担当，无论是"居庙堂之高"还是"处江湖之远"，忧国忧民之心不改。"先天下之忧而忧，后天下之乐而乐"这一千古名句进一步将作者忧国忧民意识提升为普遍化的责任精神，将天下置于己身之前，点明了文章的深刻主旨。

**8. 子孙倘有出仕者，当夙夜切切，以报国为务，抚恤下民，实如慈母之保赤子。有申理者，哀矜恳恻，务得其情，毋行苛虐，又不可一毫妄取于民。（《郑氏规范》）**

中国传统文化重视家庭建设，家庭教育在国家治理体系中承担着重要作用。浦江郑氏作为延续不绝的大家族，其立家基础在于家国一体的价值精神，并由此形成了爱国如家的家风，培育了一代又一代家族成员投身于报国立业的实践中。郑氏家族告诫子孙出仕做官的人，必当日日夜夜操心于国事，以国家事业为己任，关爱民众，以亲子之爱的情感态度对待民众，切勿向民众索取一丝一毫。这一段家训内含着儒家修德以尽责的责任精神，表明郑氏家族家训中忧国忧民的家庭教育理念。

**9. 莫为一身之谋，而有天下之志。莫为终身之计，而有后世之虑。（《论语精义纲领》）**

本段意在规训后辈要效仿儒家圣人忧心天下大事，立志为国为民。"莫为一身之谋，而有天下之志"说明为人要以天下为己任，要培育家国情怀，切忌以一己私心为重。借助"一身"和"天下"的对比，作者明确了天下公利高于一己私利的价值取向，体现了儒者对于"治国平天下"信念的坚守。"莫为终身之计，而有后世之虑"则指明为人要有历史意识，以长远的历史视野看待事功。个人一时的私利不具有价值优先的地位，而整个民族国家永恒的利益才是个人的追求。

## 10. 力微任重久神疲，再竭衰庸定不支。
　　苟利国家生死以，岂因祸福避趋之！（《赴戍登程口占示家人二首选一》）

这首诗表达了林则徐忠家爱国、无私奉献的崇高意识，凝练着中华文明千年为国为民的信念。清末国乱家散，社会动荡不安，外夷侵扰，内部混乱，这首诗就在这一时代背景下被创作出来。"力微任重久神疲，再竭衰庸定不支"说明作者认为自己以微薄力量担负重任多年，早已身心俱疲，力不从心。但随后作者直抒胸臆，"苟利国家生死以，岂因祸福避趋之"，只要有功于江山社稷，舍弃生命又如何，表达了国事重于私利的价值信念。整首诗借力不从心的谦虚托词，在讥讽懦弱之人与高扬报国之志的矛盾张力中，抒发了作者在国家危亡之际，勇于承担大任的家国情怀。

## 第三节　天下兴亡，匹夫有责

1. **昊天不佣，降此鞠讻。昊天不惠，降此大戾！**
   **君子如届，俾民心阕。君子如夷，恶怒是违。**
   **不吊昊天，乱靡有定。式月斯生，俾民不宁！**
   **忧心如酲，谁秉国成？不自为政，卒劳百姓。**

（《诗经·节南山》）

本诗通过描述周王昏庸，大臣僭位，朝纪混乱，民众生活不安，国家礼法秩序失调的时代背景，借以抒发作者为国为民谋福利的愿望。诗歌首句指出天命不仁，降大难于人间。"君子如届，俾民心阕。君子如夷，恶怒是违"点明贤德之人必然引领仁义的政治，平息民众愤懑不安的情绪。经由对理想愿景的刻画，作者直接抒发爱民如爱己、爱国如爱家的情感。"忧心如酲,谁秉国成?不自为政,卒劳百姓"将这种情感转化为犀利的讽刺批评,蕴含着中华文明的责任担当,表明了中华民族忧国忧民的爱国情怀和针砭时弊的政治意识。

**2. 故化成俗定,则为人臣者主耳忘身,国耳忘家,公耳忘私,利不苟就,害不苟去,唯义所在。(《治安策》)**

贾谊在《治安策》中直陈能够达到国泰民安、政通人和状态的国家治理举措。而这些举措全然基于"义"的价值精神,以"义"为依据的政策举措才符合民族国家公利。孟子也曾言"王,何必曰利?亦有仁义而已矣",凸显出"义"是人道德本质的地位,因为沉溺于利就丧失了人之为人的身份认同。贾谊在《治安策》中将这种"义"上升为"天下大义"。为人臣子应该以国家事务为重,小家是依附于大国而存在,大国也只有保证小家的稳定才能维护自身的安全。通过"主"与"身"、"国"与"家"、"公"与"私"三对范畴之对比,贾谊点明了"公义"相较于"私利"的价值优先性。

**3. 名在壮士籍,不得中顾私。**
　　**捐躯赴国难,视死忽如归。(《白马篇》)**

本诗运用铺陈的写作手法,描述了游侠儿武艺高强,纵横疆场，上马抗敌，下马训练的场景。诗歌层层递进，借游侠儿这一英雄形象表征自身，抒发了作者的爱国之情和报国之志。"名在壮士籍，不得中顾私"指出既然名字位列军人名录，那么就当摒弃一己私利。"捐躯赴国难，视死忽如归"意指为了国家的危难，以身捐躯，看待死亡也如同回家一样的轻易。"视死如归"，指为了正义事业而不怕死。这里将家国公义理念实质化为一片丹心图报国的情感，把整首诗歌的情感推向高峰。

**4. 桧遣使捕飞父子证张宪事，使者至，飞笑曰："皇天后土，可表此心。"初命何铸鞫之，飞裂裳以背示铸，有"尽忠报国"四大字，深入肤理。**（《宋史·岳飞传》）

南宋时期外族入侵，中原大地国土沦丧，家国破碎，政权风雨飘摇，民族处于极度危难的境地。岳飞从小立志报国，经由母亲的培育和鼓励，不但练成了一身高强的武艺本领，而且陶铸了为国尽忠的精神。成年后，岳飞从军征战，收复不少国土，但不久却被秦桧陷害，蒙冤入狱，此时他仍不忘高呼北进收复河山，挺立民族精神。岳飞的一生是"爱国主义"特征极为显著的一生，他始终秉持着"尽忠报国"的信念，不顾一己私利，投身于挽救民族危亡的活动中。

**5. 为天地立心，为生民立命，为往圣继绝学，为万世开太平。**（《张子全书序》）

儒家认为"道"贯通天地人三者，构成同源一体的依据。张载承接古圣，对"道"做出进一步阐释。"横渠四句"彰显了儒家学者的最高价值追求。"为天地立心"意即天地本无心，其"仁"的本心源自人的建构；"为生民立命"指出礼法名教是民众得以安稳的基础；"为往圣继绝学"表达了传承往圣精神和民族文化的意志；"为万世开太平"则彰显以天下为己任的宏大气象。中国传统思维中，"心"和"命"本是同义不同形的概念，儒者将天地大道化为"仁心"，自然有着实现这一"仁心"的实践需要，进而须在尘世间构建礼法名教体系，使之教化民众，引导个体回归道德本心。而往圣之学又尽在释"仁"，传承绝学是以学理化的方式延续礼法名教。从进一步的终极目标来说，天地、生民和绝学的统一必然实现于大同世界的愿景之中。"横渠四句"蕴含着中华文明的责任意识，是传统儒家的最高理想。

**6. 病骨支离纱帽宽，孤臣万里客江干。**
  **位卑未敢忘忧国，事定犹须待阖棺。**
  **天地神灵扶庙社，京华父老望和銮。**
  **出师一表通今古，夜半挑灯更细看。**（《病起书怀》）

南宋家国破碎，疆土一片生灵涂炭的景象，社稷不保，礼法失衡，奸臣作乱，有志者不得其位，在位者不谋其职。基于此背景，诗人写下此篇，抒发空有雄心壮志，却报国无门的遗憾。首联奠定整首诗忧郁的基调。颔联"位卑"刻画了诗人不得志的形象，"忧国"则又彰显爱国的责任意识，通过二者的矛盾张力，陆游将中华民族的爱国主义精神和民族归属感展现得淋漓尽致。"天地神灵扶庙社，京华父老望和銮"意为渴望神明护佑祖国社稷，君主早日收复江山，将全诗爱国情感推上高峰。最后又以"出师一表通今古，夜半挑灯更细看"一联回归原点，表达有心而无力的苦闷感。本诗表明陆游忧心国家战事，彰显了作者忧国忧民的爱国主义情怀。

## 7. 保国者，其君其臣肉食者谋之；保天下者，匹夫之贱与有责焉耳矣。（《日知录·正始》）

在《日知录》中，顾炎武区分了"亡国"和"亡天下"两个概念，前者指代易国改帜，表示朝代的变换更替；后者指称道德崩坏，表示礼法秩序混乱失调。顾炎武认为，保卫国家政权的责任落实于政治系统的每一成员身上，君臣肉食者为政权稳定而出谋划策，但保卫天下道德理想的责任，则与任一平凡之人息息相关。通过"保国"和"保天下"的对比，顾炎武将尽职尽责的政治伦理精神上升为心怀天下的民族伦理精神，深藏着中华民族复兴民族文化、弘扬民族道德精神的意识。"天下兴亡，匹夫有责"这一千古绝句也表达了中华民族仁人志士深沉的爱国爱民族之情。

## 8. 故志在天下国家，则善虽小而大，苟在一身，虽多亦小。（《了凡四训》）

《了凡四训》积累了袁了凡关于个人修德立命的处世智慧，凝练着作者对个人志向与国家命运的思考。中华民族自古重视德性生命的培养，儒家将之转化为圣人人格的塑造。相较于"君子"人格体现儒家反省本心的修养工夫，"圣人"人格既注重心性修养，也强调外在事功，凭借平静心态应对时势变迁，而这须以"志"指引人生。《了凡四训》指出，做人先立志，立志报效天下国家，事功虽小其价值也大；立志独善一身，利益虽大但价值也小。通过"天下国家"和"孑然一身"的对比，彰显了"天下国家"的集体利益的价值优先性，蕴含着中华民族以身报国、以义为利的价值取向。

## 9. 瞒人之事弗为。害人之心弗存。有益于国之事，虽死弗避。三者吾将本以终身。（《蕉窗日记·卷二》）

《蕉窗日记》是清代王豫所作感悟先贤言语的心得之书。本段尤其凸显出其人生修养的至善信条。"瞒人之事弗为"意在人要有追求"真理"的意识，要以真面目见人。"害人之心弗存"则意指人要有追求"良善"的意识，要以仁爱之心待人。"有益于国之事，虽死弗避"

一句指明人要有追求"家国情怀"的信念,要以国家天下为己任。经过"真"和"善"的熏陶,必然培育起"公义高于私利"的价值意识,推动着个人投身于爱家报国的行动实践中。

## 10. 读书志在圣贤,非徒科第;为官心存君国,岂计身家。(《朱子家训》)

中华民族有着浓厚的家庭教育氛围,并借助家庭教育构筑起成人的第一途径。《朱子家训》是朱柏庐家庭教育智慧的凝结,蕴涵着中华民族关于如何培育子孙的思考。本段将爱国主义与家庭教育合为一体,展现了中华民族家国天下的责任意识。"读书志在圣贤,非徒科第"指出读书的目的在于追求圣贤的大道,而不仅仅是为了通过科举考试获得官职,强调了学习的意义在于个人人格的完善,而不仅仅是功利性的目标。而个人人格的完善又必然要求外在事业的成功,这推动了个人外在的政治实践。"为官心存君国,岂计身家"则指明为官的责任感和公仆精神,这要求官员以天下为己任,以实现内在修养和外在事功的统一。

## 第四节 民族正气，长存天地

**1. 子曰："饭疏食饮水，曲肱而枕之，乐亦在其中矣。不义而富且贵，于我如浮云。"（《论语·述而》）**

孔子描述颜渊每日吃粗粮，喝冷水，弯曲手臂做枕头，也怡然自得。周敦颐称这种快乐为"孔颜之乐"，认为其代表了一种内心平静和精神性享受的快乐。"孔颜之乐"因"道"而乐，由"道"而确立"义重于利"的道德原则，进而君子以"义"行事，自然怡然自得，悠然平静，展现为"不义而富且贵，于我如浮云"的道义理想。这种理想凝练了一种不因物质利益而丧失主体性的精神，进而汇入中华文明的根脉中，凝聚为中华民族的民族精神。

**2. 其为气也，至大至刚，以直养而无害，则塞于天地之间。其为气也，配义与道；无是，馁也。是集义所生者，非义袭而取之也。行有不慊于心，则馁矣。**（《孟子·公孙丑上》）

儒家追求君子人格，意图培养正直、有志气、有理想的人，以承担"外王"的重要责任。孟子以"浩然之气"追溯了君子人格中正直特质的来源。一方面，孟子解释了"浩然之气"的一般特征和道德属性。"至大至刚"表征其一般特征，即"浩然之气"是广大且充满力量的气；"配义与道"则赋予"浩然之气"以仁义的道德属性，表明这是一种由大道化生的符合仁义精神的气。另一方面，孟子提出养"浩然之气"的途径：一是"集义"，也就是要经常按照仁义的原则行事；二是防止"行有不慊于心"，也就是做事要问心无愧。孟子构建了一套融贯的"浩然之气"学说，启发了儒家士人修养人之正气的意识。

**3. 富贵不能淫，贫贱不能移，威武不能屈。此之谓大丈夫。**（《孟子·滕文公下》）

所谓大丈夫，不在于外部的财富或社会地位，而在于内在的气节和操守。大丈夫是具有道德修养的人，这种道德修养不依赖于外部的物质条件，而是根据他自身的意志和节操展现出来。这样的人，不管面对什么样的生活环境，都能坚守自己的尊严和操守，不受自身欲望的驱使，也不被外在环境所影响，在富贵时，能够节制欲望，克己修身，在贫穷时，能够意志坚定，坚持操守，面对强权施压，不改变自己的态度。"富贵不能淫，贫贱不能移，威武不能屈"不仅是孟子关于"大丈夫"这一理想人格的论述，同时也是中华文明对于人格尊严、道德气节的重要诠释，为后世树立了理想的人格典范。

**4. 且芝兰生于深林，不以无人而不芳；君子修道立德，不为穷困而败节。（《孔子家语·在厄》）**

在本篇中，子路不满孔子已身兼德义，但仍穷困潦倒的处境，便询问孔子关于有德之人无法实现德福一致的问题。孔子借助"天命"概念，论证了德福一致的基础在于顺不顺命，由此印证出儒家"生死有命"但"仁义在身"的信念，凸显了儒家对于道义理想的坚守。本段以芝兰比喻君子，认为芝兰即使在幽深的山谷中生长，没有人欣赏，它们也不会因此而失去芬芳。君子同样如此，无论身处何境地，君子都以"慎独"精神为修身要旨，不会因为贫穷和困难而改变自己的节操。

**5. 忳郁邑余侘傺兮，吾独穷困乎此时也。**
　　**宁溘死以流亡兮，余不忍为此态也。**
　　**鸷鸟之不群兮，自前世而固然。**
　　**何方圜之能周兮，夫孰异道而相安？**

**屈心而抑志兮，忍尤而攘诟。**

**伏清白以死直兮，固前圣之所厚。（《楚辞·离骚》）**

屈原身处社会动荡的战国末期，被楚怀王流放，遭奸臣排挤，空有学识抱负却无机会施展才干。《离骚》正是基于此背景而创作，全篇以诗歌的方式吟诵出屈原对时势的批评、对百姓状况的挂念以及对国家命运的担忧。"宁溘死以流亡兮，余不忍为此态也"表达了作者宁可颠沛流离，也不愿矫揉造作、卑躬屈膝，失却为人的人格独立性。借这一句，屈原犀利地驳斥了追逐名利而放弃道义志气的行为。又以"伏清白以死直兮，固前圣之所厚"一句追溯先圣对气节精神的推崇，彰显了中华民族不朽气节的悠久起源，体现了中华文明正气精神的一脉相承。

**6. 武谓惠等："屈节辱命，虽生，何面目以归汉！"引佩刀自刺。卫律惊，自抱持武，驰召医。凿地为坎，置煴火，覆武其上，蹈其背以出血。武气绝，半日复息。（《汉书·苏武传》）**

本段记载了苏武被匈奴俘虏，宁死不投降的史实。《苏武传》全篇分为三个部分。第一部分交代苏武出使匈奴的背景。此时正值匈奴新单于即位，以缓兵之计与汉交好，苏武肩负家国重担毅然奔赴异国。第二部分记述苏武在匈奴十九年的艰苦经历，无论是威逼利诱的多次劝降还是面对恶劣的生活环境，都未曾磨灭苏武的意志。第三部分讲述苏武归国的经历，以时光变迁、世事变易的矛盾对比发出对苏武气节的感叹。本段节选自苏武第一次被招降，其言"屈节辱命，虽生，何面目以归汉"，表明苏武不愿苟且偷生，因私利废弃国家大义。本段以"气节""性命"高于个人生命的信念，表现出苏武心中满腔的爱国热血，直接展现了中华民族的民族大义和节操。

7. 天地有正气，杂然赋流形。
   下则为河岳，上则为日星。
   于人曰浩然，沛乎塞苍冥。
   皇路当清夷，含和吐明庭。
   时穷节乃见，一一垂丹青。（《正气歌》）

南宋政权飘摇，文天祥力战被俘，于北地囚牢中作《正气歌》一首，以表达爱国之情和忠贞气节。"天地有正气，杂然赋流形"彰显"正气"的自然属性。他认为天地间充塞着一股永恒存在的正气，这气贯通日月，汇聚了天地间至大至强的力量，支撑着天地的存在。"于人曰浩然，沛乎塞苍冥"贯通起孟子的"浩然之气"。"时穷节乃见，一一垂丹青"指明"中华正气"培育了中华儿女不屈的意志人格，支撑着中华民族在危难存亡之际坚守民族文化主体性。"气"在中国哲学中作为本体概念，表征着万物成形的根据，文天祥基于儒家道德精神，将道德属性赋予"气"，将之改造为具有道德意义的"正气"，也即一种精神性的力量，激励着人们坚持大义信念。

**8. 志可洞金石，气可塞堪舆。问君所志安在，富贵胜人乎。看取首阳二子，叩住孟津匹马，天讨不枝梧。特立浮云外，大块可齐驱。**

**铁可折，玉可碎，海可枯。不论穷达生死，直节贯殊途。立处孤峰万仞，袖里青蛇三尺，用舍付河图。晞汝阳阿上，濯汝洞庭湖。**（《水调歌头·志可洞金石》）

本段是宋代词人汪莘所作的一首抒发志向的词。开篇一句即点明了人的志气坚韧不拔。而"富贵胜人乎"则将"志"解释为超越于物质利益、个人私欲之上的道义理想。这一理想表征为"不论穷达生死，直节贯殊途"的气节，其中"直节"意指人追求道义理想的信念情怀。借助铁折、玉碎、海枯三者的对比，作者意在说明气节的崇高性和永恒性。不论富贵生死，人追求道义理想的心永不会熄灭。这一气节汇聚成中华民族战胜千难万险、矢志不渝的正气理想，凝结着中华民族自强不息的坚强意志。

**9. 大丈夫行事，论是非不论利害，论逆顺不论成败，论万世不论一生，志之所在，气亦随之，气之所在，天地鬼神亦随之。**（《宋元学案》）

大丈夫人格源自孟子"浩然之气",用以说明人有着成为独立主体的潜能性,谢枋得借道义、顺逆、时间三者,细致地描绘了大丈夫人格的行事之风:首先,是非高于利害,这体现了大丈夫人格对儒家道德精神的坚守,以道义为行事准则克服利欲的蒙蔽。其次,顺逆优于成败,这指出大丈夫处事以是否顺情理或逆情理为依据,而非直接以行事结果为价值导向。最后,万世先于一时,这说明大丈夫人格不为一时一地谋,而是为整个民族绵延不绝的事业殚精竭虑。这彰显了大丈夫人格高尚的志气,蕴含着中华文明深厚的家国情怀。

## 10. 千锤万凿出深山,烈火焚烧若等闲。

**粉骨碎身全不怕,要留清白在人间。**(《石灰吟》)

《石灰吟》作为一首托物言志诗,以"石灰"表征作者自身,用以凸显作者的高尚人格。"千锤万凿出深山"形容石灰出身不易,借以比喻作者经历百般磨炼而出头。"烈火焚烧若等闲"将人间苦难喻为熊熊烈火,借以表达作者不畏磨难的意志。"粉骨碎身全不怕"表现作者不屈的精神。"要留清白在人间"则点出作者"全不怕"的原因,就在于心中有道义支撑。"清白"是传统儒家君子人格的体现,意指道义的价值高于世俗的利益,这一信念凝练着中华文明的气节观,彰显了中华民族不惧牺牲的意愿和坚守高尚情操的决心。

# 第六章
# 一以贯之的中华正学

中华文明突出的连续性表现在思想文化领域便是形成并发展起了一以贯之的中华正学。在历史上,孔子最先提出"吾道一以贯之"的概念,曾子以"忠恕之道"解释,以此作为孔子思想中贯通始终的理论核心。孔子以后,"一以贯之"之道便成为中华文明世代相承的文化传统,并在这一基础上形成了一以贯之的中华正学,具体表现在几个方面。首先,中华文明有着丰富的精神文化资源,这得益于中华文明学统的一脉相承。中华文明深刻地认识到典籍"文以载道"的功能,从而形成了完善的藏书管理制度,为文明的传承保存了浩如烟海的古代典籍。其次,中华文明对学习方法具有深刻的见解,十分重视"为学"的态度。学习的目的在于理解先贤的道义,弘扬往圣的至高理想。在整个过程中,中华文明培育起"知行合一"的为学方法,强调在实践中检验和发展真理。再次,在中华文化发展史上,儒家思想是中华文明思想的主流,其思想根源在于上古圣人建纲立极的教化活动,其中的道德礼乐精神被儒家所继承,用以贯通起儒学千年的思想脉络,这一脉络凝聚为儒家的"道统"意识。最后,中华民族致力于弘扬伟大的民族精神,使之为中华文明的永续不绝提供价值内蕴。一以贯之的中华正学是中华文明薪火相传的精神之源,为中华文明的思想进步和文化繁荣提供了理论根基。

## 第一节　神以知来，知以藏往

**1. 惟尔知，惟殷先人有册有典，殷革夏命。今尔又曰："夏迪简在王庭，有服在百僚。"予一人惟听用德，肆予敢求尔于天邑商。（《尚书·多士》）**

本段表明中华民族具有悠久的典籍藏书历史，且早已具备依典述史的观念。《多士》篇记载周王朝推翻殷商统治后，将殷商遗民迁居外地，辅之以教诲，使其认同周朝推翻殷商的革命，用以强化自身政治活动的道德合法性。周文王在教诲活动中指出殷朝先人有典有册，一方面说明殷商先人曾创造过辉煌的文化，曾经也是天命的承载者，这是用以弱化殷商遗民对周王朝的敌意，阐述商和周的历史同源性；另一方面则认为殷商有确证的典籍记述了"殷革夏命"的历史,暗示了早在殷商时期中华文明就已有了成熟的史官体系,深知用典籍记述历史的重要性。

**2. 神以知来,知以藏往。其孰能与于此哉?**(《周易·系辞上》)

《周易》是中华文明的智慧之书,蕴含着中华民族数千年的生活经验和思考。《周易》之所以能够启迪后世之人,原因就在于其"藏往"和"知来"的功能。前者说明《周易》总结过往人的经验,强调前人智慧的积累和传承,并将之抽象为普遍化的历史规律,使之具备为万世沿用的基础。而后者则表明在历史规律的指引下,后世之人能够认识到万物大道的运动变化规律,进而避恶从善,不重蹈覆辙。这种观念升华为承前启后的传承意识,融入中华文明的藏书理念中,使中华民族认识到书籍珍藏历史、启发来者的价值,推动了藏书制度的产生和发展。

**3. 孟子曰:"王者之迹熄而《诗》亡,《诗》亡然后《春秋》作。晋之《乘》、楚之《梼杌》、鲁之《春秋》,一也。其事则齐桓、晋文,其文则史。孔子曰:'其义则丘窃取之矣。'"**(《孟子·离娄下》)

本段表明典籍具有传承义理的功能,并阐释了义理的永恒性。文字的功能在于记载事实和承载价值观念。前者是典籍的叙事特点，后者是典籍的弘道特征。在中华文明历史上，历史事实的变迁均以文字的形式记述于各类史书典籍中。孟子认为《诗》记述了周王朝的历史，周王朝崩裂后，兴起的诸侯国又分别记述了各自的史书，如晋国的《乘》、楚国的《梼杌》、鲁国的《春秋》。史书的功能具有一致性，无论是《诗》还是《乘》《梼杌》《春秋》，其形式都在于记述中华文明的历史事实，进而彰显价值精神。各类史书的层出不穷凸显出中华民族以史书藏过往、启未来的历史精神。

**4. 三极彝训，其书曰"经"。"经"也者，恒久之至道，不刊之鸿教也。故象天地，效鬼神，参物序，制人纪，洞性灵之奥区，极文章之骨髓者也。**（《文心雕龙·宗经》）

《宗经》篇详述了儒家五经典籍的成书历史及其意义。刘勰认为五经本质上是阐述"天、地、人"三极之道的书。经由上古圣王初创至孔子重新修订，五经俨然具备为万世立法的基础，其原因就在于五经效法于天地，征验于鬼神，深究事物的秩序，因而能够制定出人类的纲纪。天、地、人三者都遵循同一个"道"的规律，有着同一的本源基础，那么以天地、鬼神、物序作为效法摹本，就能够构建起相应的人类社会礼法纲纪。五经洞察人类本性，极尽文章根本，深藏中华文明过往，引领中华文明未来，可谓是中华文明精神的基石。

**5. 夫诗者，论功颂德之歌，止僻防邪之训。虽无为而自发，乃有益于生灵。六情静于中，百物荡于外，情缘物动，物感情迁。**（《毛诗正义·序》）

《诗经》作为一部中华文明早期的诗歌总集，反映着当时的社会面貌和政治情况。孔颖达认为《诗经》有两大作用。一是"论功颂德之歌"，表达对周文王、周公等先贤德政功业的歌颂，传唱他们的丰功伟绩。二是"止僻防邪之训"，即借助对先贤的歌颂，讽刺诸多现实的政治问题，并在这些批评中抽象出具有道义性的原则和规范，用其教化民众，培育君主的理想人格。这两大作用得益于诗歌所体现的情感与人类道德情感的相通性，"情缘物动，物感情迁"，人类随事物而感发，进而创造出不同的诗歌，表征不同的情感。

**6. 昔陆贾奏汉祖云"天下不可马上治之"，故知经邦立政，在于典谟矣。为国之本，莫此攸先。今秘藏见书，亦足披览，但一时载籍，须令大备。不可王府所无，私家乃有。然士民殷杂，求访难知，纵有知者，多怀吝惜，必须勒之以天威，引之以微利。若猥发明诏，兼开购赏，则异典必臻，观阁斯积，重道之风，超于前世，**

**不亦善乎！**（《隋书·牛弘传》）

书籍是人类文明的记录者，中华文明自肇造以来，尤重经籍的保存和传续，形成了最为丰富和广博的经籍库。《牛弘传》记述了中华文明书籍发展演变的历史，以多次书厄经历，衬托出中华民族动荡不安的历史发展。本篇亦借书厄从未导致文化断流、文明消逝这一现象凸显出中华文明对书籍功能的深刻理解。牛弘认为书籍的功能包括两个方面。一是记录文化发展历程，印证中华民族文化成果；二是用典籍记载道义，教化万民。因此，牛弘提议国家治理需以典籍为要，广开进路，收集全国藏书，加之以整理注解，以便彰显重道之风，体现民族的文明程度。牛弘的主张体现了中华民族注重典籍的历史观念，彰显了中华文明浓厚的藏书意识。

**7. 然观古人，得其时行其道，则无所为书；书者，皆所为不行乎今而行乎后世者也。今吾之得吾志失吾志未可知，俟五六十为之未失也。天不欲使兹人有知乎，则吾之命不可期；如使兹人有知乎，非我其谁哉？其行道，其为书，其化今，其传后，必有在矣。**（《重答张籍书》）

本段表明韩愈承继往圣道统的信念，证明中国古代典籍作为"道统"的载体而世代流传。《重答张籍书》是韩愈对张籍批评他排斥佛老，却不能著书立说以传续道统的回应。全篇详述了儒家道统理想的发展历史，指出圣人因时而行道的原则。文王、周公因得其时，所以能大行其道，但孔子未得其时，所以只能著书立说，以待行道于后世。文中指出，借书传道的前提在于书籍本身具有以文字承载价值的功能，后世之人能够理解孔子所传之道，原因就在于道统精神的永恒性和人类叙事结构的统一性。因此，书籍能够作为贯通不同世代之人精神交流的桥梁，联系起不同历史情境下人与人的精神对话，中华文明注重传承书籍、汇编文献、阐释义理的重要性就在于此。

**8. 风俗之变，圣人为之也。圣人因风俗之变而用其权。圣人之权用于当世，而风俗之变益甚，以至于不可复反。幸而又有圣人焉，承其后而维之，则天下可以复治；不幸其后无圣人，其变穷而无所复入，则已矣。（《六经论·书论》）**

苏洵作《六经论》阐发儒家经典的义理精神，并予之以学术评价。《尚书》源自中华文明上古时代，作为记录古史的载体而流传，承载着中华文明上古时代的各类历史、文书和政令。苏洵认为孔子因时代变化而权用义理，使之适应于具体情况的变化，经过孔子的重新修订，《尚书》已然具有"微言大义"的功能，不仅发扬了古代圣王的贤德精神，而且借古讽今，警示当时的统治者。这是以书籍文字寓意的突出典型，体现了书籍本身的载体意义，凸显出中华民族以典籍传道，借文字证史的历史精神。

**9. 文所以载道也。轮辕饰而人弗庸，徒饰也；况虚车乎！文辞，艺也；道德，实也。笃其实，而艺者书之，美则爱，爱则传焉。**（《通书·文辞》）

孔子修订儒家经典，以书籍作为载体工具，发挥"微言大义"的效用，上承往圣意志，下启后人观念。在本段中，周敦颐通过将典籍文章比作车，指出了中华文明几千年代代相传的典籍的重要意义，即"文所以载道也"。一方面，周敦颐剖析出文字的表饰功能，"文辞，艺也"，文字言辞本身只是圣人传道的形式。另一方面，周敦颐指出文字的藏义作用，"道德，实也"，文字言辞所蕴含的道义价值才是圣人传道的实质。两方面功能合而为一，印证出中华民族先贤借文字言辞贯通形上形下之道，并以此形式传承和延续中华文明的历史发展。

**10. 声不能传于异地，留于异时，于是乎书之为文字。文字者，所以为意与声之迹也。**（《东塾读书记》）

《东塾读书记》是陈澧以读书笔记的形式表达自己一生研读中华经典产生的感悟和思想。陈澧认为声音无法在异地流传，也不能在不同的时间阶段显现，所以才有文字的产生。从这一现象中，陈澧敏锐地剖析了文字产生的原因，即语言是人类反映世界和沟通交流的工具，表征着依据人类理性和情感而构建的意义世界，但语言本身需要以物质载体的形式显现，因此文字才得以产生。在这一基础上，单个的文字逐渐发展成具有各类不同意义的典籍，进而表现出承载事实和价值的文化本质。

## 第二节　学贵弘道，思贵专精

**1. 子曰："人能弘道，非道弘人。"（《论语·卫灵公》）**

在儒家的视野中，道既是修身的根本原则，也是一种社会政治理想，这一理想的实现依赖于人对道的实践和坚守。孔子认为，人能够弘扬道，但道却不能直接弘扬人，这是因为人具有主观能动性，在人与道的关系中，人不是被动地接受道的熏陶，而是主动去体悟、感受、弘扬道，在这个过程中，人可以自觉地进行道德判断和价值选择，从而弃恶扬善，修养德性。孔子彰显了人在弘道过程中的主体性地位，只有人主动去实践道义理想，才能够完善自身的德性生命，培养道德人格，实现治国平天下的"内圣外王"之道。

**2. 子曰:"温故而知新,可以为师矣。"(《论语·为政》)**

孔子在《为政》篇中向弟子传授了学习的方法,这一方法的核心在于"温故"。学习是不断向外拓展、向内深化的过程,由不同的学习片段汇聚成一个学习整体,而"温故"可以维持过往知识的稳定,以启发新知识的接收。在这一基础上,孔子指出了学与思的关系问题,只学习理论知识却不去思考会导致迷惘,只注重思考却不去学习会产生危害,因此正确的方式是学思结合,在学习和思考中实现对以往知识的复习和巩固,从而产生新的知识。孔子的这些教育理念为后世中华民族的教育实践提供了方法指引,成为中华民族世代相传的学习传统。

**3. 心之官则思,思则得之,不思则不得也。(《孟子·告子上》)**

孟子认为外物感官仅仅只能满足人的基本需要,只有"心"才是决定人能否成为君子的关键因素。在孟子看来,心灵能够使人祛除蒙昧,启发理性,其功能在于思考。这就意味着人可以认识到自身的良善本心,摆脱物欲的束缚,从而成就自身的君子人格。"思则得之"强调人必须进行思考,通过思考才能培养德性,有所收获。这句话侧面揭示了学和思的密切关系,即学无思则盲,思无学则空。孟子关于"心"的论述启发了后世学者,如朱熹就认为"人之进学在于思,思则能知是与非",凸显出思考之于道德教育的重要性。

**4. 学恶乎始?恶乎终?曰:其数则始乎诵经,终乎读礼;其义则始乎为士,终乎为圣人。真积力久则入,学至乎没而后止也。故学数有终,若其义则不可须臾舍也。为之,人也;舍之,禽兽也。故《书》者,政事之纪也;《诗》者,中声之所止也;《礼》者,法之大分、类之纲纪也。故学至乎《礼》而止矣。夫是之谓道德之极。《礼》之敬文也,《乐》之中和也,《诗》《书》之博也,《春秋》之微也,在天地之间者毕矣。(《荀子·劝学》)**

荀子在《劝学》中区分了学习的两个方面:"积数"和"体义"。"积数"指代学习的顺序和数量的积累,荀子认为,学习应该从诵经入手,进而学习礼仪规范。诸如《尚书》《诗经》之类的典籍,是学者了解古代政治事件、社会风貌的材料,其作用在于使学者积累丰富的阅历经验。而《礼》则是社会法度秩序的根据和总纲,学者读书的最终目的在于领悟礼的精神,依礼处事,这种领悟必须建立在足够丰富的阅历经验之上。"体义"指称学习的对象。学者读书应以体会典籍要义为宗旨,接受先贤教诲,完善自身人格,这是学者读书的终极理想,需久久为功。两者相比而言,积数有终点,但体义是绵延不绝的过程。

**5. 博学之,审问之,慎思之,明辨之,笃行之。有弗学,学之弗能弗措也;有弗问,问之弗知弗措也;有弗思,思之弗得弗措也;有弗辨,辨之弗明弗措也;有弗行,行之弗笃弗措也。**(《礼记·中庸》)

本段表明中华文明先贤对于学习基础、方法、目的的深刻理解。首先,"博学"是学习的基础,学者学习应以广泛研读经典为要旨,这是学问道路的入门法则。其次,"审问""慎思""明辨"是学习的方法,"审问"指明学者学习应认真求问发问,用疑问指引学识的积累;"慎思"则说明学者学习应多思考,多追问原因根据,培养周全的思考能力;"明辨"则表示学者学习当注重辨析能力的训练,养成清晰的逻辑思辨能力。最后,"笃行"是学习的目的,学习并非空中楼阁式的景观,而是见之于生活的实践,义理知识的积累必须最终转化为实际的创制活动或道德行动。这几个步骤构成了学以成人的完整逻辑链条,为后世学者提供了方法参考。

**6. 夫幼者必愚,愚者妄行,愚者妄行,不能保身。孟子曰:"人皆知以食愈饥,莫知以学愈愚。"故善材之幼者,必勤于学问,以修其性。**(《说苑·建本》)

《说苑》是刘向编撰的一本杂史小说集,记录了先秦诸子的言行,蕴含着诸子的哲学思想、政治理想以及伦理观念。本段选自《建本》一篇,记述了关于学习的重要性。小孩自出生起便处在蒙昧的状态中,理性不明,仁义不显,行为狂妄失常,无法维持自身生存。此时,需要以学习冲破蒙昧,启发人性,使人真正回归人的本质,即通过不断学习,掌握物理事理,发挥出完善的内省能力,时常反思自身行为,并依据"道"的原则行事,进而养成"超然绝世"的人格,独立于物欲世界之外,保持人的自由本性。

## 7. 夫所以读书学问,本欲开心明目,利于行耳。
(《颜氏家训·勉学》)

《颜氏家训》是颜之推所作,用以启蒙、教化家族成员的教育理念总纲,其中,《勉学》一篇论及学习的方法及其益处。颜之推指明读书学习的两大目的,一是"开心明目"。人心生来处于"无知"的状态中,且易被私欲蒙蔽,读书可使人理智觉醒,情感发用,进而冲破人心的蒙昧状态。此处的"心",更多地指代人的道德本心。通过研读往圣经典,感悟先贤道德教化,人将由被动的道德接受转化为自觉自为的道德实施状态中,养成道德自发心。二是"利于行耳"。读书使人明智,使人知物理、事理、人理,进而指引人的行为活动,成就"知行合一"的理想实践状态。

**8. 读书患不多，思义患不明。患足已不学，既学患不行。**（《赠别元十八协律六首》）

《劝学诗》是韩愈所作《赠别元十八协律六首》之一，全诗包含韩愈对于好友的劝学建议。在韩愈看来，读书学习忌讳以偏概全，一叶障目，人的感悟只有积累大量的知识和经验体会才得以产生。在学习中，思考切勿模糊不清，学习是不断深入的过程，仅仅停留于知识表面，无法达到真理的高度。读书必当怀有"谦逊"的态度，学习永无止境，自满自大的态度无法达到学海彼岸。韩愈指出，学习应当谨遵"知行合一"的理念，理论知识必将见之于实践行动中，否则只是空洞的理论。本诗涉及学习的知识积累、思考辨析、理论实践等各个维度，彰显出诗人对于学习方法的深刻理解。

**9. 读书者，当观圣人所以作经之意，与圣人所以用心，与圣人所以至圣人，而吾之所以未至者，所以未得者，句句而求之，昼诵而味之，中夜而思之，平其心，易其气，阙其疑，则圣人之意见矣。**（《畅潜道录》）

圣人将"道"阐释为义理规则，以典籍化的形式将义理代代传承，使之能够为万世立法，教化民众，实现大同世界。但是，随着时代的变迁，理解义理精义逐渐变得困难。为此，程颐提出一套读书方法以解决这一问题。在程颐看来，读书的前提和总纲在于时刻反省自身与圣人致思的差异，以此走上读书之路。在读书的过程中，学者必须以细致入微的态度研读经典，以期构建完整的知识体系。同时，必须辅之以"昼诵而味之，中夜而思之"的学思态度，深化学习内容，通过熟悉圣人经典，领悟圣人大义。此外，学者读书应秉持"平静如水"的不动心原则，克服物欲侵扰对学习的妨害。

**10. 天聪天明，非学不固；威仪动止，非学不端；刚柔善恶之质，非学不化；仁义礼智信之德，非学不完；君臣、父子、夫妇、昆弟、朋友之伦，非学不尽；富贵贫贱之遇，非学不达。学则智，不学则愚；学则治，不学则乱。自古圣贤盛德大业，未有不由学而成者也。**（《明儒学案·原学篇》）

天地间有大道衍化为自然、社会、人的运动准则，并赋予万物本性，顺道则性成，违道则性衰，而体悟道的途径在于"为学"。黄宗羲指出，学习使人智慧，不学习则愚笨，能够重视学习则社会治理稳定，不重视学习则社会秩序紊乱。这其中的原因在于，"为学"能够使人启迪心智，感悟义理，进而养成顺应于道的理想人格。"为学"的益处体现在诸多方面，如使人回归天命之性，使人举止从容，使人恢复道德本性，使人完善道德品质，使人知晓人伦之道，使人富足，等等。自古圣贤大业的成功，没有不"为学"而达到的，因此，"为学"之功至关重要，它是一个人修身养性、治国安邦的前提和基础。

## 第三节　承亡继绝，会其有极

**1. 谨权量，审法度，修废官，四方之政行焉。兴灭国，继绝世，举逸民，天下之民归心焉。（《论语·尧曰》）**

《尧曰》一篇借助古代君王的历史事迹来彰显先贤博爱天下的责任意识，以此引出孔子对构建理想社会的愿景。春秋时期，社会秩序崩坏，诸侯兴起，天下混乱不定。各诸侯都妄图成就天下霸业，但王道之政却不显不明。孔子为弘扬上古圣贤的伟业，奔走于各国间，提倡实行王道的一系列举措。这些举措意在恢复上古圣王治下政通人和的状态，体现出孔子"兴灭国，继绝世"的传道信念，这一信念凝聚为中华民族不因朝代更替而断绝民族文化的坚守意识。

2. 昔者禹抑洪水而天下平，周公兼夷狄、驱猛兽而百姓宁，孔子成《春秋》而乱臣贼子惧。《诗》云："戎狄是膺，荆舒是惩，则莫我敢承。"无父无君，是周公所膺也。我亦欲正人心，息邪说，距诐行，放淫辞，以承三圣者。岂好辩哉？（《孟子·滕文公下》）

战国时期，礼乐秩序崩坏，各门派学说盛行，社会价值体系混乱，进而导致道义不行、私欲横行、天下国家动荡不安、民不聊生的后果。孟子感时伤怀，借禹治理洪水、周公礼化天下、孔子作《春秋》等先贤盛德功绩，表现出自身意图挽救天下的理想。儒家的天下理想源自上古尧舜等先贤，经周公、孔子，一脉相承传至孟子，但当时杨墨的理论对儒家学说冲击极大，因此孟子斥之为"无父无君"。为传承圣贤大义，发扬儒学精神，孟子以"正人心，息邪说，距诐行，放淫辞"的方式，激烈批判了歪风邪说，予以儒学传承广阔天地。这一承先圣、正人心、启后世的信念彰显了中华民族对民族大义精神的坚守和中华文明价值信念的传承。

3. 子墨子曰："古之圣王，欲传其道于后世，是故书之竹帛，镂之金石，传遗后世子孙，欲后世子孙法之也。今闻先王之遗而不为，是废先王之传也。"（《墨

子·贵义》）

古代圣贤以创造大同世界为终极目标，依此指引而制定诸多法度，用以实现社会和谐、政通人和、国泰民安的愿景。圣王以竹帛、金石为载体传道于后世，以为万世立法，这之所以能够实现，在于其法度遵从"道"的规律。无论时势如何变迁，天下大道始终不变，因为圣贤法度与后世法度有着根源上的统一性。但圣贤的法度并非自然运转，缺乏人的主动传承践行，亦会消散断绝。墨子认为如果不传承先王的法度，实质上就是废先王之法，先王之法尽废，文明的荣耀也终将暗淡，民族根源无从追溯，整个文明将如无根的浮萍一般，飘摇不定，丧失民族的历史和未来。

**4. 不闻不若闻之，闻之不若见之，见之不若知之，知之不若行之，学至于行之而止矣。行之，明也，明之为圣人。圣人也者，本仁义，当是非，齐言行，不失豪厘，无它道焉，已乎行之矣。故闻之而不见，虽博必谬；见之而不知，虽识必妄；知之而不行，虽敦必困。不闻不见，则虽当，非仁也。其道百举而百陷也。**（《荀子·儒效》）

圣人学问在于匡扶社稷，以义养心，尊道贵德，制定纲纪，以达于大同理想。荀子认为领会圣人的精神要义是一个不断持续的过程。首先，必须主动感知圣人言行举止，考察圣人的社会生活经历。如果只道听途说，必然陷入荒谬的境地。其次，必须深入领会圣人精神要旨，强化学理知识的积累，研读典籍，培养明辨是非善恶的能力，超越因学有不精而导致的迷惘困境。最后，必须坚决践行圣人的道义理想。圣人为学意在以道义精神创造至善世界，如果只察其深意，而不去实际践行，必落于流俗僵化的境地。这一学习方法启发历代儒者以心领会道统，以行传承道统，为儒家道统之传提供了方法论指引。

**5. 夫《春秋》，上明三王之道，下辨人事之纪，别嫌疑，明是非，定犹豫，善善恶恶，贤贤贱不肖，存亡国，继绝世，补敝起废，王道之大者也。（《史记·太史公自序》）**

《春秋》原是鲁国史书，经孔子重新修订后，具备"微言大义"的功能。孔子借"春秋笔法"，使原始历史事实蕴含价值判断的功能，进而总结出道德原则规范，奠定立法的基础，使之成为承前启后的传道典籍。《春秋》中的道义规范源自上古圣王，孔子为拯救崩坏的礼乐秩序，重新阐释了圣王的圣德要义，为后世社会提供了一套理想的社会秩序模式，这正是《春秋》存亡继绝的体现。在具体方面，《春秋》辨别疑虑，彰明是非，坚定裁决，崇善抑恶，这些功能的完善即是王道的大昌。《春秋》一书贯通了中华文明精神谱系的发展历史，成为中华文明历史连续性的力证。

**6. 斯吾所谓道也，非向所谓老与佛之道也。尧以是传之舜，舜以是传之禹，禹以是传之汤，汤以是传之文武周公，文武周公传之孔子，孔子传之孟轲，轲之死，不得其传焉。**（《原道》）

本段论及儒家道统谱系的发展历史。隋唐时期，佛老之学兴盛，归隐思想广为流传，一定程度上瓦解了传统儒家所提倡的社会秩序体系。韩愈有感佛老之学的疲敝，提出儒家"道统"的概念，以对抗佛教的"法统"，借此弘扬中华文明正脉，挽救消散的人心。儒家道统实质上是绵延不绝的儒家思想的表征，包括学以成人的修养方法、济世安邦的"内圣外王"之道、大同世界的社会理想。这一道义精神由尧传至舜，舜传至禹，禹传至汤，汤传至文武周公，文武周公传至孔子，孔子传至孟子，孟子之后，道统渐息。正是在这一背景下，韩愈挺身而出，以"舍我其谁"的无畏精神，重振人心纲纪，以此恢复儒学的正脉，接续儒家道统。在历史发展中，道统理想凝聚成中华文明重要精神标识，为中华民族培育绵延不绝的民族文化精神奠定了基础。

**7. 孔孟而后千有余年，圣人之道不传。道非不传也，以无传道之人耳。汉四百年得一董子，唐三百年得一韩子，皆不足与传斯道。至宋周子出，而始续其统，后世无异词焉。**（《周子全书序》）

儒家道统自上古圣王传至孔孟，孔孟提炼了先贤思想的精神要义,将其学理化,奠定儒家体系化的精神内核和方法论基础。孔孟之后,儒学演化为解经释经之学,成为政权统治的官方意识形态。儒学的价值形态未有开创性的变化发展,以至于经受异端学说侵蚀而无以为力。周敦颐以"出入佛老,返于六经"的态度,承接了以往先贤学说,将本体论、方法论、道德学说汇聚成一个整体,为儒学思想的体系化做出开创性的贡献,开启了北宋以后儒学的繁荣局面,彰显出周敦颐之于儒学传承发展的承接者地位。

**8. 盖自上古圣神继天立极,而道统之传有自来矣。其见于经,则"允执厥中"者,尧之所以授舜也;"人心惟危,道心惟微,惟精惟一,允执厥中"者,舜之所以授禹也。(《四书章句集注》)**

儒家道统是儒学思想发展流变的精神谱系,这一谱系基于稳定的内核而世代相传,并构成整个儒学思想得以体系化的基础。朱熹将道统的源头追溯至上古先王,认为他们上接大道本原,下启人间纲纪,揭示了儒学绵延传承的内核。"人心惟危,道心惟微,惟精惟一,允执厥中"是儒学十六字心传,代表了历代儒家先贤传承不绝的成人成己、立法明道的方法论要义。其中"人心惟危"指明人心受欲念影响而脆弱不堪。"道心惟微"说明道心崇高却微妙难言。"惟精惟一"要求养成执着追求道心的信念。"允执厥中"指出通过坚守道心而保持不偏不倚的态度。通过"人心"和"道心"的对比，彰显出儒家追求至善的崇高理想。

**9. 盖昔者圣人之扶人极，忧后世，而述六经也，犹之富家者之父祖虑其产业库藏之积，其子孙者或至于遗忘散失，卒困穷而无以自全也，而记籍其家之所有以贻之，使之世守其产业库藏之积而享用焉，以免于困穷之患。故六经者，吾心之记籍也，而六经之实则具于吾心。（《稽山书院尊经阁记》）**

王阳明认为六经传承源自上古圣贤，经孔子重新修订，上升为儒家精神的总纲。而圣人制六经的意图在于"扶人极，忧后世"，即制定人类社会礼法纲纪，保证后世文明的绵延不绝。圣人之心崇高，但子孙却难得其意，因此，王阳明借"家族发展"寓意后世子孙自觉坚守先贤正道，持续发扬其光辉。王阳明指出，家族先祖广积财物，以充实府库产业，但家族后辈挥霍无度，遗忘先祖教诲，以至于遭遇大难之时，才领悟起先祖"守成"的教诲。本段通过比喻的手法，警醒世人必须时刻铭记先人的教训，通过不断努力去开创伟大的功业。

**10. 有一人之正义，有一时之大义，有古今之通义；轻重之衡，公私之辨，三者不可不察。以一人之义，视一时之大义，而一人之义私矣；以一时之义，视古今**

之通义，而一时之义私矣；公者重，私者轻矣，权衡之所自定也。（《读通鉴论·东晋安帝》）

　　王夫之的"三义"说将义分为"一人之正义""一时之大义"和"古今之通义"，三者之间有着层次的差别，而又以"古今之通义"为最高。"一人之正义"是个人之义，"一时之大义"是一个时代之义，而"古今之通义"则代表着中华民族的整体民族利益及其价值精神。在"古今之通义"面前，"一人之正义""一时之大义"都只属于私的范畴，只有那些真正以民族兴亡为己任，维护民族独立，挺立民族精神的行为，才可称得上是真正的公义。王夫之认为，在理想的社会条件下，三种层次的义可以实现统一，但在更多时候，三义会产生矛盾与冲突，此时应该舍弃"一人之正义"与"一时之大义"，坚定"古今之通义"的价值准则。王夫之对于"古今之通义"的推崇，实际上是他"天下为公"思想在义利观上的体现，反映了其"公天下"的政治主张。

## 第四节　希扬正学，推陈出新

**1. 子畏于匡，曰："文王既没，文不在兹乎？天之将丧斯文也，后死者不得与于斯文也；天之未丧斯文也，匡人其如予何？"**（《论语·子罕》）

本段表明了孔子对于传统文化连续性的信念，体现了他志在传承发扬先贤文化的责任意识。孔子在陷入险境之时，仍高呼"文王既没，文不在兹乎"，说明尽管先贤已经逝去，但文化传统却未曾消失，这得益于后继者对先贤理想的认同和传承。通过"天之将丧斯文"和"天之未丧斯文"的对比，孔子表达了儒家文化传统具有源自"天道"的崇高性，这一性质直接构成了儒家文化传统能够永续不绝的价值基础。从这一角度来看，孔子不仅是在安慰自己和弟子，也是在强调自己作为文化传承者的使命，蕴含着孔子对于文化传承的自信和重视。这种使命感内化于每一个人的内心之中，培育起中华民族对于文明传承发展的责任担当。

**2. 子曰："参乎！吾道一以贯之。"曾子曰："唯。"子出，门人问曰："何谓也？"曾子曰："夫子之道，忠恕而已矣。"**（《论语·里仁》）

传统儒家始终以自身精神的延续为宗旨，这奠基于儒家世代相传的"一以贯之"之道。曾参认为孔子终身所奉行的大道无非"忠恕"二字。其中"忠"意味着尽心尽力，指个人在面对责任和义务时，全心全意、无私奉献的态度。而"恕"则代表宽厚包容，要求人们尊重人与人之间的差异，接纳他人的不足，以和平、友善的态度与他人相处。后人将"忠"概括为"己欲立而立人，己欲达而达人"，将"恕"概括为"己所不欲，勿施于人"，从两个不同的方面诠释孔子的"忠恕"之道。从历史上看，整个儒家的发展始终围绕着"忠恕"思想展开，"忠恕"之道也成了儒家思想发展的"一以贯之"之道。

**3. 孔、孟而后，汉儒止有传经之学，性道微言之绝久矣。元公崛起，二程嗣之，又复横渠诸大儒辈出，圣学大昌。故安定、徂徕卓乎有儒者之矩范，然仅可谓**

有开之必先。若论阐发心性义理之精微，端数元公之破暗也。（《宋元学案》）

本段表明儒家道统演变的历史，体现出宋明道学对往圣道统的开拓创新。孔孟之后，汉唐释经学兴盛，但对于儒家思想的基本理念创新不足，儒家心性修养学说渐渐沉寂。周敦颐继承孔孟心性学问，融合佛老思想，构建起以"太极"为核心的宇宙观、认识论和道德哲学的大体系。往后宋明道学大兴，逐渐发展为"理学"和"心学"两派，对后世中华正学的发展产生了深远影响。宋明道学继承儒家往代先贤的基本观念，创造出一套完整的修养工夫，使儒家道统具备实践的基础。宋明道学的大昌体现出中华道统之学的革故鼎新品质，塑造了中华传统文化创新发展的典范模式。

4. 圣贤之道，达而推行于民，则为善治；穷而讲明于己，则为正学。所谓道统之传，不外是也。（《伊洛渊源录·序》）

本段体现了儒家"成己为人"的"内圣外王"之道。"内圣"指的是个体内在的道德修养和精神追求，即通过学习和践行儒家的道德教诲，修己成人，提升精神境界。"外王"是以内在的道德修养指引外在的政治实践，通过实施仁政来治理国家和社会。本段深刻地阐述内圣外王的重要性，如果圣贤的道德教诲能够在社会中得到广泛传播和实践，那么社会将实现良好的治理。儒家的"内圣外王"一体信念，塑造了中华文明的理想人格，推动了历代中华民族政治理想的实现。

**5. 吾所以不协于时而学古文者，悦古人之行也。悦古人之行者，爱古人之道也。故学其言，不可以不行其行；行其行，不可以不重其道；重其道，不可以不循其礼。（《答朱载言书》）**

儒家道统的绵延发展得益于历代儒者的坚守和创新，李翱基于自身经验，展示了一套推动儒学发展的方法。首先，熟知往圣的行为事迹，感悟先贤的道义精神。行为是动机的展现，儒家先贤的亲身经历是其道义理想的具体化展现，了解先贤的事迹能够直观认识到儒家崇高的道义理想，培育起对儒家道统的情感认同。其次，以行动践行道义，化道义为实践。这意味着学者不仅要有扎实的学问基础，还要将所学运用到日常生活中，以实际行动践行儒家道德。这些方法为儒家道统的永续发展注入了新的动力，使之能够适应不断变化的历史环境。

**6. 道以居正为大，学以尽心为要，此古今不易之理也。然不极于知性知天，则心无由尽，正大之情无从可见，而道于是乎晦矣。溯自尧、舜、禹、汤、文、武、周公、孔子以道相承，为万世立极，而子思孟子从而发明之，斯道始大著。孟子没而微言绝，历千余载，濂、**

洛、关、闽诸君子又起而修明之。（《张载集·序》）

宇宙之中有两条根本不变的道理，其一为"道以居正为大"，儒家志在追求顺应自然规律的大道，这种道通过"仁义"道德理想的正道形式展现。其二为"学以尽心为要"，表明人心本于天道，儒家全部学问在于求心以体悟正道，进而培育人心的道德修养，将"正道"落到实处。这两条宗旨直接塑造了儒家道统的根本性质，融入儒家道统革新的历史中。基于这两条宗旨，上古三王开创道统之源，孔子、孟子奠定道统基础，宋代理学焕发道统生机，儒家学者们坚守这一文化传统，共同奠立了一以贯之的中华正学。

7. 道不行，百世无善治；学不传，千载无真儒。无善治，士犹得以明夫善治之道，以淑诸人，以传诸后；无真儒，天下贸贸焉莫知所之，人欲肆而天理灭矣。先生生千四百年之后，得不传之学于遗经，志将以斯道觉斯民。（《明道先生墓表》）

儒学的终极愿景在于治世安民，这一愿景凸显出正学传承发扬的两条必要性。如果儒家的道德教化理念不能得到实施，那么社会将无法实现良好的治理；如果儒家道统之学不能代代相传，那么千年之后，就没有真正的儒者来继承和发扬治世安民的理念。在儒学道统传承中，"真儒"的价值高于"善治"，因为在没有善治的情况下，士人仍然可以通过学习儒家经典来理解善治的原则，并用这些原则来教化他人，传承后世。但如果缺乏真正的儒者，儒家精神就会流于空虚，社会将迷失方向，最终导致道德的沦丧和社会的混乱。

## 8. 六经责我开生面，七尺从天乞活埋。（《观生居堂联》）

本段是王夫之为自己所题的一副对联。上联"六经责我开生面"表明王夫之致力于儒家思想的传承与研究，"六经"不仅指《诗》《书》《礼》《乐》《易》《春秋》六本经书，更是泛指中华优秀传统文化，王夫之以传承先贤学问为志向，试图在危难中拯救中华正学，接续儒家道统之传，为儒学的发展做出了重要的贡献。下联"七尺从天乞活埋"意在说明即使明朝政府灭亡，自己也决不投降清政府，展现了王夫之忧国忧民的爱国主义情怀和坚贞不屈、矢志不渝的高尚情操。近代思想家、革命家谭嗣同曾高度评价王夫之，认为"五百年来学者，真通天人之故者，船山一人而已"。

## 9. 有圣贤之言，可以引路。今乃不走路，只效圣贤言便当走路，每代引路之言增而愈多，卒之荡荡周道上鲜见其人也。（《存学编》）

颜元是明清之际著名的思想家、教育家，其思想集中反映了欲革除积弊，弘扬儒家正学的愿望。在宋明理学后期，心性之学愈发盛行，并逐渐演化为脱离实际情况的"虚学"，这种空谈心性的学风使儒家道统之学积弊已久。颜元继承了往圣儒学"经世致用"的实践主义精神，揭示"虚学"导致的流弊恶果，提倡由实际见学问的"实学"。在本段中，颜元批评了"今乃不走路，只效圣贤言"的社会现象，指出后世学者只模仿圣贤的言辞，而没有将其付诸实践。通过对"实学"的提倡，颜元表达了重振儒家正学的理想。

**10.** 问："然则天视三教如一乎？"曰："儒以修己为体，以治人为用；道以静为体，以柔为用；佛以定为体，以慈为用。其宗旨各别，不能一也。至教人为善，则无异；于物有济，亦无异。其归宿则略同，天固不能不并存也。"（《滦阳消夏录》）

中华传统文化源远流长，博大精深，以宏大胸怀融合多种思想，其中包括儒、释、道三种主流。从三者差异上讲，儒家以修养自身为本，以治人为用，追求修齐治平的"内圣外王"之道；道家以静为本，以柔为用，追求清净自然，无为而治；佛教以定为本，以慈为用，追求德业圆满，众生平等。三者的宗旨各不相同，但其最高的理想都是教人向善，对万事万物有所助益，在这点上三者是统一的，不能混为一谈。这种一致性体现了儒、释、道虽理论各异但最终同归于一，能够不断融合发展为一体，进而为历史上三教合流的局面奠定基础。

# 第七章
# 博古通今的历史意识

中华文明具有深沉的历史精神和博古通今的历史意识，启发着中华民族"上承文明传统，下启文明未来"的历史实践。深厚的历史底蕴孕育了中华文明高明的历史哲学。首先，中华文明具有"以史为镜，慎始慎终"的历史本体观。中华民族认为历史是接续不断的活动过程，古今之间都遵循同一个"道"的运动规律，因而古代之事可以作为一面可供参考的镜子，指导当今之事。其次，中华文明具有"微言大义，圆神方智"的历史叙述观。中华文明素来注重历史史实的记载与教化，前者意指中华文明对历史之"真"的追求，后者意指中华文明对历史之"善"的崇尚，由此形成了"微言大义"的历史叙述方式。再次，中华文明具有"深谋远虑，理势合论"的历史发展观。中华文明意识到历史进程不仅有着万古不变的"理"，更有着因时而变的"势"，理势合一，共同构成历史发展的客观规律。最后，中华文明具有"知古知今，启后开来"的历史责任观。中华民族通过遍识古今之事，把握历史规律，用以指导中华文明当下的社会实践和未来发展。中华文明所具有的深沉的历史精神和博古通今的历史意识，是中华文明能够绵延数千年传承发展的重要原因之一。

## 第一节　以史为镜，慎始慎终

**1. 文王曰咨，咨女殷商！人亦有言：颠沛之揭，枝叶未有害，本实先拨。殷鉴不远，在夏后之世。（《诗经·荡》）**

本篇假托周文王感慨殷商败亡的历史，表达了对周厉王昏庸无道的讽刺。周厉王时期，奸臣当道，国法不行，社会动荡，百姓困苦，作为执政者的周厉王非但不反思自身过错，反而变本加厉，愈发暴虐，这引发了有识之士的批评。本段以树木为喻，借根叶的利害关系指明周厉王毁坏国本的行为必会导致自身的灭亡。"殷鉴不远，在夏后之世"直接说明要以夏商二代为鉴，吸取二代失国的经验教训，以重振朝纲。本段凝结了中华文明以史为镜的历史精神,启发了后世中华民族深邃的历史意识。

2. 说曰:"王,人求多闻,时惟建事,学于古训乃有获。事不师古,以克永世,匪说攸闻。"(《尚书·说命下》)

《说命下》全篇论述了商君向傅说请教如何治国的主题,凸显出王道教化对于国家稳定的重要性。傅说借上古圣贤建功立业的事迹,向商君表达了学习古人才能启发未来的观点。傅说指出,君主追求广博的学问是建功立业的前提,这一前提得益于"学于古训乃有获"的认知,"古训"指代上古圣王遗留下的经验教训,是在历史发展过程中总结而成的关于治世安民的治国良方。通过学习古人的教诲,君主就能够掌握国家发展方向,实现国家的治理,反之,如果不向古人学习,就不可能实现国家的长治久安。

3. 君子不镜于水而镜于人。镜于水,见面之容;镜于人,则知吉与凶。(《墨子·非攻中》)

《非攻》篇记述了墨子止战止戈,倡议和平的政治理想。在文中,墨子以"兼爱""非攻"的理论主张反对战争,希望统治者能够吸取历史上战争的教训,追求和平,实现发展。在墨子看来,君子不用水做镜子而用人做镜子，用水作为镜子，只能见到人的容貌，用人作为镜子，却可以知晓命运的吉凶。墨子通过"水镜"和"人镜"的对比，表达了"以人为鉴"的历史精神，并进一步论证了君主应该从历史中吸取经验教训，不要重蹈历史覆辙的观点。

**4. 臣观成事，闻往古，上下之美同，臣主之权均之能美，未之有也。前事之不忘，后事之师。君若弗图，则臣力不足。（《战国策·赵策一》）**

中华文明历史悠久，在其绵延不绝的历史中，沉淀了浩如烟海的史书典籍，为中华民族了解自身文化由来，启发历史发展提供了事实指引。"前事之不忘，后事之师"体现了中华民族浓厚的历史意识，"前事"指代中华民族的历史过往，"后事"则指代中华民族的未来发展，"不忘"为"师"提供了基础，"师"则指出传承文明的具体方法。对过去的铭记是对自身历史根脉的重视，只有不断地向历史学习，才能更好地以史为鉴，指导当下的生活实践，只有秉持传承文明发展的信念，才能拥有创造文明未来的决心。

**5. 又曰："前车覆，后车诫。"夫三代之所以长久者，其已事可知也；然而不能从者，是不法圣智也。秦世之所以亟绝者，其辙迹可见也；然而不避，是后车又**

**将覆也。**（《汉书·贾谊传》）

六国的覆灭在于内部的腐朽，但秦朝却未能以之为鉴，最终导致二世而亡的悲惨后果。"前车覆，后车诫"不仅是对历史悲剧的叹惋，同时也是对后来者必须吸取历史的经验教训的告诫。前朝衰败的原因历历可见，后世国家政权应该以史为鉴，知晓历史兴替的根本原因，以此规避自身内部的衰败，避免重蹈覆辙。本段强调了历史经验的重要性，历史不仅是对过去的记录，也是对现在和未来的指导，通过对历史的分析和总结，可以避免犯历史上同样的错误，以追寻更好的发展道路。

## 6. 善言天者必有征于人，善言古者必有验于今。

（《汉书·董仲舒传》）

本段论述了董仲舒天人相征、古今相验的历史意识。中国哲学通过物与物、事与事、人与人的比较验证构建起传统的认知理论，之所以能够相互验证，就在于"道"的同一性。无论天道、地道或人道，都是"道"自身的衍化结果，万物相守同一自然规律和本原，通过理解"天道"可知人事规律，理解古事可探今事。董仲舒认为善于谈论天道的人，必然能在人身上找到相应的征验，熟知古代历史事迹的人，也必然能在现在找到相应的征验，进而规避历史衰败的恶果。

**7. 夫以铜为镜，可以正衣冠；以古为镜，可以知兴替；以人为镜，可以明得失。**（《旧唐书·魏徵传》）

中华民族素有镜鉴的意识，"镜"表征人所构建的反思工具，借助人与镜之间的差异，凸显出自身的缺陷不足。"以铜为镜，可以正衣冠"表示铜镜可以映照出人的外形容貌和精神气质，有着正人衣冠的作用。"以古为镜，可以知兴替"指明历史可以反映出国家的盛衰兴亡之理，进而使人掌握历史兴替的规律，驱恶从善，实现善治。"以人为镜，可以明得失"展现了人与人之间的特殊关系，强调通过观察他人的行为和结果来反思自己的得失。本段是中华文明博古通今的历史意识的生动诠释，为中华文明的历史传承与发展提供了理论支撑。

**8. 呜呼！灭六国者，六国也，非秦也。族秦者，秦也，非天下也。嗟夫！使六国各爱其人，则足以拒秦。使秦复爱六国之人，则递三世可至万世而为君，谁得而族灭也？秦人不暇自哀，而后人哀之；后人哀之而不鉴之，亦使后人而复哀后人也。**（《阿房宫赋》）

历史的流变发展是多重合力的结果。杜牧认为六国灭亡的原因在于其内部的矛盾和弱点，而秦朝的灭亡也同样是因为自身的暴政。因此，一个国家内部的因素是其盛衰兴亡的关键所在，在历史发展中起到决定性的作用。在这篇文章中，杜牧发出了对于历史的感慨，"后人哀之而不鉴之，亦使后人而复哀后人也"，"不鉴之"意味着不能够从历史中总结经验教训，从而在未来的发展中重复历史的错误。本段印证着国家政权的衰落总是从内部的腐朽开始的，以此警醒世人必须以史为镜，避免重蹈历史的覆辙。

9. **昔时贤文，诲汝谆谆。**
   **集韵增广，多见多闻。**
   **观今宜鉴古，无古不成今。（《增广贤文》）**

《增广贤文》是一本儿童启蒙读物，凝结着中华民族数千年的生活智慧。本段通过两层意思表明历史意识的重要性。一是古人用文章和言论来启发后人，教诲后人生活的道理，这说明中华民族先民为后世立法的历史决心。二是后人要多学多见多闻古人之书，从而学习和领悟古人的智慧。"观今宜鉴古，无古不成今"说明了要理解当今之事，必须借鉴于古代之事，这种借鉴之所以可能，就在于历史发展背后的客观规律。在历史中形成的客观规律不仅可以帮助我们了解历史事实，同时也能够为我们今天的社会生活提供方法论指导。

10. **所贵乎史者，述往以为来者师也。为史者，记载徒繁，而经世之大略不著，后人欲得其得失之枢机以效法之无由也，则恶用史为？（《读通鉴论·后汉光武**

帝》）

  《读通鉴论》是王夫之阅读《资治通鉴》的笔记，书中的论述以历史事件作为依据和出发点，结合了王夫之的生平经历以及对社会现状的反思，具有极强的现实指向性和启示意义。在本段中，王夫之指出历史沉淀着人类文明的经验智慧，其之所以受到重视，是因为它能够成为后来者的老师。历史事实的记载可以为后人提供前人的经验和教训，帮助后人理解和预测未来的发展。王夫之同时也批评了一些虽然记录了大量内容，但没有突出关于经世济民经验的史书，在王夫之看来，后人如果无法从史书中找到关于历史经验教训和治国理政得失的关键内容，这些史实记载就缺乏实际价值。

## 第二节　微言大义，圆神方智

**1. 世衰道微，邪说暴行有作，臣弑其君者有之，子弑其父者有之。孔子惧，作《春秋》。《春秋》，天子之事也。是故孔子曰："知我者其惟《春秋》乎！罪我者其惟《春秋》乎！"（《孟子·滕文公下》）**

春秋时期，礼乐体系崩坏，社会风气衰败，社会动荡，道德沦丧，出现了许多悖逆人伦和道德的行为。孔子忧惧文化传统的断绝，以鲁国史实为基础，重新编纂《春秋》一书，借以传承圣人的道德教化，延续中华民族文化传统。这一目的的实现依赖于《春秋》"微言大义"功能的发挥，通过特定的语词笔法，孔子抒发了对特定历史事件的褒贬之意，进而提炼为万世通行的道德规范原则。孔子"春秋笔法"的作史方法，说明历史不仅是过去的记录，也是对现实和未来的指导，更是维护社会秩序，凝练道德价值的重要工具。

**2. 而太史公作此五品，废一不可，以统理天地，劝奖箴诫，为后之楷模也。（《史记正义》）**

司马迁于困境中作《史记》一书，以纪、表、书、世家、列传等"五品"的形式构成了史记的整体结构，开创了完整细致的历史编纂方法，借以传承文化，警示后人。司马迁作《史记》并非单纯记录历史，而是仿孔子作《春秋》以表达"微言大义"的形式，通过记录历史来为万世立法。张守节在《史记正义》中指出《史记》的两大功能。一是"统理天地"，即以严谨的逻辑态度，整合并分析历史事件，从而对历史实现宏观而全面的把握，为后人理解历史提供细致的论述。二是"劝奖箴诫"，即通过对历史事件的道德评价，表达一定的价值观念和善恶是非标准，凸显出历史事件和历史人物的正与邪，充分发挥道德教化的作用，为后世提供道德借鉴标准。

**3. 撰述欲其圆而神，记注欲其方以智也。夫智以藏往，神以知来，记注欲往事之不忘，撰述欲来者之兴起。故记注藏往似智，而撰述知来拟神也。藏往欲其赅备无遗，故体有一定而其德为方；知来欲其决择去取，**

**故例不拘常而其德为圆。(《文史通义·书教下》)**

《文史通义》是清代学者章学诚创作的史学理论作品，其中包含着章学诚"圆神方智"的史学原则。历史记述有着真、精、义的原则和要求，规定着作者编纂史书的方法。章学诚提出两条标准，一是"撰述欲其圆而神"，即记述历史要灵活变通，富有创造力，体现圆融的德性。史书不仅仅是历史的纯粹记录者，更有着启人智慧的价值，但这一价值需要作史者具有敏锐的洞察力和清晰的分析能力。二是"记注欲其方以智也"，即强调记注历史的严谨性和条理性，体现方正的德性。史书的成书基础在于史实的真实性和全面性，而这要求作史者具有渊博的史料储备和严谨的逻辑思维。这两条标准，前者追求"义"，后者向往"真"，共同构成了一部好的史书所需满足的条件。

**4. 至于垂世立教之美，典谟谏奏之词，可以弘阐大猷，增崇至道者，爰命不才，备加甄录，体制大略，咸发成规。于是缀集所闻，参详旧史，撮其指要，举其宏纲，词兼质文，义在惩劝，人伦之纪备矣，军国之政存焉。凡一帙十卷，合四十篇，名曰《贞观政要》。庶乎有国有家者克遵前轨，择善而从，则可久之业益彰矣，可大之功尤著矣，岂假祖述尧、舜，宪章文、武而已哉！(《贞观政要·序》)**

《贞观政要》是吴兢受命记载贞观时期政事、言论，用以展现当时开明政治风尚的一部政论性史书。该书详细地体现了史书所具有的意义,一是"垂世立教",史书是中华文明传承的重要载体,通过史书,中华文明的历史得以鲜活地显现于后世,成为中华民族传承发展的根脉所在。二是"义在惩劝",史书以兼具质朴和文饰的笔法发挥"微言大义"的功能,为后世辨明是非善恶的价值标准,总结盛衰兴亡的治国理念。三是"克遵前轨",中华文明有着浓厚的博古通今意识,这得益于精深完备的史实记载。三者统一为中华民族历史记载的根本原则,推动了中华文明史学的发展。

**5. 太宗得鹞绝俊异,私自臂之,望见郑公,乃藏于怀。公知之,遂前白事,因语古帝王逸豫,微以讽谏。语久,帝惜鹞且死,而素严敬徵,欲尽其言。徵语不时尽,鹞死怀中。(《隋唐嘉话》)**

《隋唐嘉话》是唐代刘悚创作的笔记小说集,记载了南北朝至唐代开元年间的各类史实,以补全正史之阙。作为一部历史笔记,《隋唐嘉话》以"太宗怀鹞"的故事反映了贞观时期开明的政治风气。根据典故记载,唐太宗偶得一佳鹞,甚是喜爱,恰逢魏徵进谏,便藏于怀中。魏徵知晓这一情况,便起意借古代帝王因骄奢淫逸而毁灭国家的史实,劝诫唐太宗勤俭治国,不要玩物丧志。唐太宗非但不怒,反而有感羞愧。等魏徵语毕离开,佳鹞早已断气。《隋唐嘉话》借这一历史典故,衬托出唐朝贞观时期欣欣向荣的社会风气，展现了史书"微言大义"的功能。

**6. 开辟草昧，岁纪绵邈，居今识古，其载籍乎！轩辕之世，史有仓颉，主文之职，其来久矣。《曲礼》曰："史载笔。"史者，使也。执笔左右，使之记也。古者，左史记言，右史书事。言经则《尚书》，事经则《春秋》也。唐、虞流于典谟，商、夏被于诰誓。洎周命维新，姬公定法，紬三正以班历，贯四时以联事。诸侯建邦，各有国史，彰善瘅恶，树之风声。（《文心雕龙·史传》）**

中华文明历史源远流长，同时也有着悠久的述史传统。这一传统自上古时期的黄帝开始，经由夏商周三代的沿袭，至春秋战国时期已经发展出了一套详细完整的体系，进而为后世一脉相传的中华文明奠定成熟的述史方法。中华文明的述史传统具有"彰善瘅恶，树之风声"的特征，即借助历史的记录，表彰和传播善良的德性，揭露和批评恶劣的行为，为社会实践提供价值评判标准，使之能够教化万民，劝诫君主，树立良善的道德风尚，为社会的和谐和国家的发展提供历史指引。

**7. 读史当观大伦理、大机会、大治乱得失。（《朱子语类·读书法下》）**

史书记录着人类活动的许多事件，并不是历史的简单堆积，而是对于历史发展背后的客观规律的总结和归纳，要想从史书中读出真义，就必须遵循一定的原则。朱熹从自身经历出发，提出了读史书的三要义。一是读史要评判历史人物的行为是否符合道德规范，以及这些行为对历史发展的影响。史书承载着道德教化的功能，通过观察历史人物的行为可以辨明是非善恶。二是史书记录着历史所沉淀的智慧，读史要能够理解历史本身的发展运动规律，进而抓住历史变迁的关键点。三是读史必须着眼于治乱得失，历史运动变化总遵循着兴替的规律，通过学习历史可以知晓国家盛衰兴亡的道理。

## 8. 其微言大义，苟非工夫积久，能见本体。（《移史馆论不宜立理学传书》）

本段表明体会圣人的"微言大义"应当遵守循序渐进的原则。"微言"指精妙的语言，"大义"指深刻的道理，二者原指儒家经学所承载的道义精神，后逐渐演化为一切通过书籍所表达的深邃思想。黄宗羲认为要想体会微言大义，必须通过一定的工夫：首先，必须扎实研读圣人经典，感悟圣人思想要义，通过积累和思考的训练，逐渐掌握经典所蕴含的思想要领；其次，必须切实践行圣人的思想，贯通知行合一之道，将其转化为具体的行动，在实践中领悟和反思圣人的思想；最后，必须完善内心修养，在不断的修身活动中培育理想人格。

通过日积月累的工夫训练，便能一窥"微言大义"的思想之真。

**9. 灭人之国，必先去其史；隳人之枋，败人之纲纪，必先去其史；绝人之材，湮塞人之教，必先去其史；夷人之祖宗，必先去其史。**（《古史钩沉论》）

龚自珍在《古史钩沉论》中表明了珍视历史的重要性。首先，如果一个国家的历史被遗忘或篡改，国家就会失去其文化根基和家国认同，从而导致实际的灭亡。其次，社会的道德教化、法律规约须建立在特定的民族文化传统上，盲目的普遍价值并不具有通行的可能性。再次，如果民族的教育和文化传承被割裂，那么这个民族的智慧就会被扼杀。最后，民族的根源和身份同历史相绑定，失去其历史，也就遗忘了民族之根本，从而丧失了不断更新变化的内在动力。

**10. 又须知孔子所作者，是为万世作经，不是为一代作史。经、史体例所以异者，史是据事直书，不立褒贬，是非自见；经是必借褒贬是非，以定制立法，为百王不易之常经。**（《经学通论》）

皮锡瑞是中国近代的思想家、散文家和经学家，其思想主张实事求是，《经学通论》是他的代表作之一。在皮锡瑞看来，孔子作儒家经典，并非单纯地记载历史，而是借特定史实为万世奠定道德礼法的基础。这些经典提供了普遍适用的原则和规范,能够指导后来国家的政治实践和人们的道德活动。皮锡瑞指出,史书和经书具有不同的功能,史书是价值中立的历史事实记录者和陈述者,而经书则是借历史发展的事实,引申出是非善恶的价值判断标准,这也是经书"微言大义"的直接体现。凭借这一功能,中华文明得以构建起千年互通、历史互鉴的道德评价体系,指引着中华民族的生产实践活动。

## 第三节 深谋远虑，理势合论

**1. 时止则止，时行则行，动静不失其时，其道光明。**（《周易·艮》）

艮卦的变易观融入中华文明历史哲学中，凝练为历史变易，与时偕行的观念。"时止则止，时行则行"中"时"指代历史本身，这句话从本体论上解释了历史流动变化的永恒性，因此，人们应该按照天道自然的准则，遵循历史运动变化的规律，与历史顺行。具体而言，时势需要停止时就停止，时势需要前进时就前进，动和静都不失时机，君子之道就光明灿烂。本段阐明了时与势的重要性，无论做什么事情，都应当因时而变，因势而化，顺应事物发展的客观规律，才能取得最终的成功。

2. 故文王行仁义而王天下，偃王行仁义而丧其国，是仁义用于古不用于今也。故曰：世异则事异。当舜之时，有苗不服，禹将伐之。舜曰："不可。上德不厚而行武，非道也。"乃修教三年，执干戚舞，有苗乃服。共工之战，铁铦短者及乎敌，铠甲不坚者伤乎体。是干戚用于古不用于今也。故曰：事异则备变。（《韩非子·五蠹》）

韩非子通过"文王行仁义而王天下"与"偃王行仁义而丧其国"的对比，说明了理只有顺势才能通行。"世异则事异"是韩非子的历史运动论，意在表明世界是不断运动变化的，因此事物也会随之不断变化，历史不是一潭腐朽停滞的死水，而是奔涌向前的长河，旧物会逐渐沉于河底，而新物也于此处诞生。在不同的历史时期，人所面临的问题和挑战不同，因此解决问题的方法和手段也应该有所不同。"事异则备变"凸显出因时求变的重要性，意味着人应该充分发挥自己的主观能动性，根据时势的变化做出相应的调整，以此来顺应历史潮流的变迁。

3. 是故世异即事变，时移即俗易。故圣人论世而立法，随时而举事。（《淮南子·齐俗训》）

历史发展有着亘古不变的常理，这个理是指导社会实践活动的根本原则，融入日常生活的各个方面。但历史发展并非一条固定不变的直线，而是有着跌宕起伏的时势变易。因此，统一历史发展的理和历史变化的势，是指导历史活动的直接原则。历史是不断运动变化的，现实的变迁推动着习俗的变易，所以因循守旧的做法不符合历史发展的规律。圣人依据时代的变化和现实的需要创造出适合当下发展的礼制规范，用来指导人们的生活实践，这是历史发展的必然选择。

**4. 五帝不相复，三代不相袭，各以治，非其相反，时变异也。**（《史记·秦始皇本纪》）

中华文明历史悠久，其治道经验也同样丰富，但历朝历代的施政纲领并非完全相同，而是因时而变。司马迁在《史记》中记载了中华文明古代王朝治道的变化，"五帝不相复，三代不相袭"说明政治的继承不是简单的重复，而是在传承的基础上有着创新和发展。圣人所创制的礼仪规范之所以要不断变化，就在于"时变异"。随着历史的不断发展，社会的经济、文化环境不断发生改变，因此，用以规范人们行为的礼仪制度也要随之进行变化，这样才能适应时代发展的需要，管理好国家。

**5. 治世不一道，便国不法古。故汤武不循古而王，夏殷不易礼而亡。反古者不可非，而循礼者不足多。**（《史记·商君列传》）

本段体现了中华文明因时而变，常变常新的历史意识。"治世不一道"说明治理国家的治道并非一成不变，关键在于适应国家发展的现实需要。"便国不法古"凸显出实用主义和革新观念，治道方针不以古法为根据，而是以实际效果为指引。本段从侧面说明了圣人教化的核心在于其道德价值取向，而具体的操作形式则各不相同。在治理国家的过程中，拘泥于古法必然导致国家的灭亡，只有秉持核心价值精神，不断创新治理的手段和方式，才能适应社会的发展和环境的变化。司马迁在本段中点明了"反古者不可非，而循礼者不足多"的道理，试图说明因时而变对于治国理政的重要意义。

## 6. 是以君子为国，观之上古，验之当世，参以人事，察盛衰之理，审权势之宜，去就有序，变化有时，故旷日长久而社稷安矣。（《过秦论》）

贾谊在《过秦论》中详细考察了秦王朝兴衰的历史，并总结出了一条治国理政之道。在贾谊看来，君子治理国家，应当从历史中总结经验教训，避免重蹈覆辙。具体而言，君子必须"观之上古，验之当世，参以人事"，即考察上古的历史，验证当代的情况，同时通过人事加以检验，从而了解兴盛衰亡的规律。"变化有时"强调治国应当因时而变，适时地进行改革和创新，以适应新的形势发展。在这一基础上，做到取舍有序，变化适时，就能够实现国家的长治久安。

**7. 今所谓"新王必改制"者，非改其道，非变其理。受命于天，易姓更王，非继前王而王也，若一因前制，修故业，而无有所改，是与继前王而王者无以别。**（《春秋繁露·楚庄王》）

在中国传统思想中，国家政权和天命有着密切联系，国家政权的合法性来自天。天命象征着历史发展背后的客观规律，因此，顺应这一规律就能够兴盛，违背这一规律就会衰亡。在董仲舒看来，王朝的更替必须通过改制来体现，具体表现为历法、服制等等。但是，这种改制只是改变外在的制度，用以证明政权的变换，其治理国家的根本之道是永远不会改变的，这便是董仲舒所说的"道之大原出于天。天不变，道亦不变"，这一天道实际上就是儒家所坚信的上古三代所奉行的王道政治。

**8. 故执古者失于时宜，徇俗者蔽于囚陋，守法者惮于更革，举不足以论机也。**（《慎言·御民》）

王廷相是明朝时期的政治家、哲学家、文学家，其代表作有《王氏家藏集》《慎言》《雅述》等等。本段选自《慎言》，是王廷相关于如何治世安民的政论文章。在这篇文章中，王廷相论证了圣人因时改制、因势而治的治国理论，借此批评当时陈旧迂腐的儒生。王廷相指出，拘泥古制的人，往往失于时宜；迎合世俗的人，往往目光短浅；守持旧法的人，往往害怕变革。从历史上看，国家势运悄然变化，发展机会转瞬即逝，只有准确抓住历史变迁的关键点，做出顺应历史大势的决策，才能够实现国家的治理。

**9. 天下之理，其本有正而无邪，其始有顺而无逆，故天下之势，正而顺者常重，而无待于外；邪而逆者常轻，而不得不资诸人，此理势之必然也。（《四书或问》）**

宋明理学将理视为宇宙和人类社会的根本法则，而势则是理在具体历史时空中的现实表现。从本体意义上说，二者相合而生，相互制约，其间的矛盾张力推动着历史的演进发展。朱熹基于这一传统视野，指出理本身正直无邪，证明了理的永恒正当性。但天下之势却有殊异，顺理则社会秩序稳固，不需要依赖外部的强制力量就能够实现稳定，逆理则社会秩序脆弱，不得不依靠外力来维持自身，因此最终会走向衰亡。朱熹借此揭示了"理先于势"的优先性原则，强调历史的运动变化必须以万古不变的理作为基础。

**10. 顺逆者，理也，理所制者，道也；可否者，事也，事所成者，势也。以其顺成其可，以其逆成其否，理成势者也。循其可则顺，用其否则逆，势成理者也。（《读广传》）**

本段是王夫之关于理、势、事三者关系的讨论。理是万事万物运动变化的根本法则，是合法性和永恒性的统一；势是历史变化发展的必然趋势；而事则是人类所进行的具体活动。王夫之指出，一方面，"理成势"，事物的发展趋势如果顺于理，则容易形成，反之，事物的发展趋势逆于理，就难以形成。在历史发展必然趋势的背后，是理在发挥着规律性的作用。另一方面，"势成理"，遵循历史的必然趋势，所得之理就能够顺，否则，违背历史的必然趋势，所得之理就必然逆。势是理的必然性的外部表现。理与势相辅相成，在历史变化中合而为一，并通过具体的事表现出来，这便是王夫之理势合一的历史观点。

## 第四节　知古知今，启后开来

**1. 子张问："十世可知也?"子曰："殷因于夏礼，所损益，可知也；周因于殷礼，所损益，可知也。其或继周者，虽百世，可知也。"（《论语·为政》）**

中国素有"礼仪之邦"的美誉，早在上古时期，礼乐体系就已经趋于成熟，并经由夏商周三代逐渐盛行。在《为政》篇中，子张询问孔子是否可知十代之后礼仪制度，孔子借夏商周三代礼仪沿袭的历史事实，做出了"虽百世，可知也"的肯定回答。在孔子看来，商朝承袭了夏朝的礼仪制度，其中所减少和增加的内容是可以知道的；周朝又承袭了商朝的礼仪制度，其中所减少和增加的内容也是可以知道的，因此，以后如果有继承周朝的朝代，就是一百世以后，也是可以知晓的。孔子的这一回答彰显了中华文明历史视野中古今一体的观念，表现出中华文明历史的统一性和连续性特点。

2. 视之不见名曰夷，听之不闻名曰希，搏之不得名曰微。此三者不可致诘，故混而为一。其上不皦，其下不昧。绳绳不可名，复归于无物。是谓无状之状、无物之象，是谓惚恍。迎之不见其首，随之不见其后。执古之道，以御今之有。能知古始，是谓道纪。（《老子·十四章》）

老子认为作为万物本原的"道"似有而若无，似显而实隐，无法看见，无法听见，无法触摸，具有无为无形的特点。在化生为万事万物的过程中，"道"潜藏在事物的生灭变化背后，决定着历史的活动。"道"对于万事万物具有主宰地位，指引着万物去追求它。遵循早已存在的"道"，来驾驭当前的一切，就能认识宇宙的本始，这便是大道的规律。"道"的普遍规律支配着现实世界的具体事物，要认识和把握这些现实存在的事物，就要先把握"道"的运动规律，认识"道"的普遍原理。

3. 天在山中，大畜。君子以多识前言往行，以畜其德。（《周易·大畜》）

本段是对君子如何修养品德的深刻论述。"天在山中"是象征性的表达，意味着天的广大与山的深厚相结合，形成无所不包的气场，代表着大畜之势。君子效法大畜的精神，关键在于"多识前言往行"，这不仅是对知识的追求，更是对前贤智慧的尊重和继承，通过学习前贤的言行，君子可以汲取他们的智慧和经验，为自己的成长和发展提供宝贵的借鉴，以此充实自身，培养美好的品德，积聚广博的知识，从而为修齐治平的实践活动提供价值引领和方法指导。

**4. 先王之所以为法者，人也，而己亦人也，故察己则可以知人，察今则可以知古。古今一也，人与我同耳。（《吕氏春秋·慎大览》）**

古代帝王依据人的本性制定法度，但帝王自身也是作为人而存在，所以考察自己就可以知道别人，考察现在就可以知道古代，这个道理是古今相通的。无论是古代的帝王还是生活在今天的我们，都具有相同的自然本性和社会属性，因此，从这种普遍性出发，观察自身的行为，就能够知晓他人。同样的，历史和现实并非孤立存在，而是紧密联系在一起的，通过观察今天的社会现象和人们的行为，我们也能够推断出古代社会人们的状况和行为，这就是"察己则可以知人，察今则可以知古"的道理。

**5. 今之于古也，犹古之于后世也；今之于后世，亦犹今之于古也。故审知今则可知古，知古则可知后，古今前后一也。故圣人上知千岁，下知千岁也。**（《吕氏春秋·仲冬纪》）

本段体现了中华文明统一论的宏大历史视野，并通过三个层次展现出来：其一，奠定古今连续的历史本体观，现在与过去和未来之间存在着内在的一致性，表现为历史运动发展的普遍规律。其二，创造古今互通的历史价值观，通过深入理解当今的历史活动，可以洞察过去；同样，通过深入理解过去的盛衰兴亡之理，可以预见未来发展的状况，为社会生活实践提供方法指导。其三，发挥古今互鉴的历史实践观，具有深刻历史意识的圣人能够知古知今，在考察历史发展的过程中把握历史发展的客观规律，进而将其运用于社会实践，做到博古通今，因时而变。

**6. 欲观千岁则数今日，欲知亿万则审一二，欲知上世则审周道，欲知周道则审其人所贵君子。故曰：以近知远，以一知万，以微知明。此之谓也。**（《荀子·非相》）

本段表明了荀子的历史认识论。中华民族认为历史是连续且统一的，历史发展之"道"贯通过去、现在、未来，并将三者整合成一个统一的整体。在荀子看来，如果想要了解千年的历史，就要观察现在；如果想要通晓亿万，就要从一二数起；如果想要知道上古时期的社会情况，就要审察当今的治国之道；如果想要审察当今的治国之道，就要考察他们所尊重的君子。通过这四类比喻，荀子提出了"以近知远，以一知万，以微知明"的观点，强调从细微之处发见历史发展的客观规律，以此运用于日常生活之中，指导自身的社会实践。

**7. 善言古者合之于今，能述远者考之于近。故说事者上陈五帝之功，而思之于身，下列桀、纣之败，而戒之于己，则德可以配日月，行可以合神灵。（《新语·术事》）**

历史是不断运动变化、向前发展的过程，但其中所蕴含的根本法则和纲纪是贯通古今、一脉相承的。因此，人们修身养性、治国安邦，必须对历史加以考察，在对历史的思考中不断学习，完善自身。本段指出，谈论古代之事，是为了指导当今，论述远处之事，是为了验证近况。从历史上看，五帝能够建立伟大的功业并传之于后代，桀、纣不能处理好政事而导致国家灭亡，这其中所蕴含的道理是一致的，值得我们反思。通过"思之于身""戒之于己"，人们可以从历史中总结经验教训，从而因时制宜，顺势而变，达到"德可以配日月，行可以合神灵"的境界，为未来的发展提供指引。

8. 鉴前世之兴衰，考当今之得失，嘉善矜恶，取是舍非，足以懋稽古之盛德，跻无前之至治。（《资治通鉴·后周纪五》）

司马光作《资治通鉴》一书的宗旨在于"鉴于往事，有资于治道"，以期通过借鉴前代历史经验，指导当今的政治实践。本段中体现了以古鉴今的历史原则，通过审视前代历史的兴衰更迭，从具体事件中把握普遍性的兴衰规律，从而实现至善之治。"鉴前世之兴衰，考当今之得失"表明应该借鉴以前历朝历代的盛衰兴亡之理，了解过去朝代辉煌或衰败的原因，以此来考察当下政治的得与失，通过对历史和现实的思考和观察，总结和吸取历史经验，更好地把握机遇，迎接挑战。

9. 夫知古不知今，谓之陆沉，然则儒生，所谓陆沉者也。五经之前，至于天地始开，帝王初立者，主名为谁，儒生又不知也。夫知今不知古，谓之盲瞽。五经比于上古，犹为今也。徒能说经，不晓上古，然则儒生，所谓盲瞽者也。（《论衡·谢短》）

《论衡》是东汉哲学家王充所著的一部无神论著作，在这本书中，王充建立了完整的无神论思想体系，阐明了深刻的历史主题。本段所反映的是王充的历史哲学观点，在王充看来，知古不知今，是愚昧无知之人，这样的人沉溺于理论知识，将经典奉为圭臬，丧失了实践品性。相反，知今不知古，是盲目的人，这种人放弃了学问的根脉，仅能熟知儒家经典的语词，却无法领会其真义。王充批评了这两类目光短浅的人，并指出这两种人分别对应"迂腐"和"忘本"，二者都会导致历史传承的断裂，因此，正确的态度应该是"知古亦知今"，在历史发展中把握客观规律，以实现历史的延续和传承。

**10. 无常安之国，无恒治之民，得贤则昌，失贤则亡。自古及今，未有不然者也。夫明镜者所以照形也，往古者所以知今也。**（《韩诗外传》）

《韩诗外传》是西汉文学家韩婴的代表作。在韩婴看来，历史永远处在运动变化之中，因此，一个国家既不会有永久的安定，也不会有永久的动荡，国家的治乱兴衰就在于是否能够得到贤能之人的帮助。在无数次治乱兴衰的历史事实之上，韩婴总结出这一历史的兴衰规律，凝聚为中华民族重视人才的治国理念。同时，韩婴也指明了历史对于国家治理的重要作用，"明镜者所以照形也，往古者所以知今也"，历史如同一面镜子，能够帮助统治者整理衣冠，实现善治。因此，统治者为政，必须重视历史的经验教训，避免重蹈历史覆辙。

# 第八章
## 孜孜以求的大同理想

　　中华文明在历久弥新的文明历程中形成了孜孜以求的大同理想，这一理想源自中华民族对人类美好生活的向往，表现为中华文明的终极夙愿，中华文明数千年的历史无不在致力于实现这一理想。道德教化是通达理想社会的第一途径，中华文明自上古三代时，就已形成了完备的道德教化体系，经孔子传承改造，逐渐发展出了以"仁义"为核心的德治主义传统。在治理国家的过程中，仁德用以维系社会关系，义德用以规范社会秩序。道德教化顺应"道"的规律，进而创造出公平正义的社会治理体系，表现出"天人合德""大公至正"的价值特征，体现了中华文明对安宁和乐的和谐社会的憧憬。

道德教化营造的"公义"精神内化于国家治理理念，外化于国家治理实践，进而达到政通人和、国富民安的效果。中华文明以"讲信修睦"的大同世界作为理想社会的蓝图，这一理想彰显着中华文化"止于至善"的伦理精神。在这一理想社会下，国家繁荣富强，社会和谐有序，人民安居乐业，真正实现了"天下之人皆相爱"的理想境界。大同社会凝聚着中华文明千年以来的崇高理想，成为中华文明薪火相传的动力之源。

## 第一节　仁笃其类，义扶其纪

**1. 颜渊、季路侍，子曰："盍各言尔志？"子路曰："愿车马衣轻裘与朋友共敝之而无憾。"颜渊曰："愿无伐善，无施劳。"子路曰："愿闻子之志。"子曰："老者安之，朋友信之，少者怀之。"（《论语·公冶长》）**

本段中孔子与颜渊、子路讨论了各自的愿望。子路的愿望是将车马衣服拿出来与朋友共同享用，即使损坏了也不会有遗憾；颜渊的愿望是不夸耀自己的长处，不吹嘘自己的功劳；而孔子的愿望则是使年老的人得到安乐，使朋友互相信任，使年少的人得到关怀。三人的回答展示了各自的性格与志向。颜渊、子路虽表现出一定的道德修养，但仍然停留在"有我"的境界，而孔子的愿望则展现出至公无私的"无我"之境，即主动发见自己的仁爱之心，去关心和爱护他人。"老者安之，朋友信之，少者怀之"不仅是孔子个人的愿望，同时也成为儒家理想的社会蓝图。

**2. 老吾老，以及人之老；幼吾幼，以及人之幼，天下可运于掌。（《孟子·梁惠王上》）**

本段表明了孟子仁爱的治国理念。孟子哲学以其人性善作为前提，规定着人的仁爱本心，进而孟子全部的哲学思想都是在探求保持这一仁爱本性的方法。这一方法包括内心修养和政治实践两个部分，后者为前者创造了更好的社会环境以促进人格的完善，因此，政治实践的仁爱本性有着必要的优先性。孟子认为君子要以"仁爱之心"治国才能实现善治，具体表现为"老吾老，以及人之老；幼吾幼，以及人之幼"，即尊敬自己的长辈，并由此推广到尊敬别人的长辈；爱护自己的孩子，并由此推广到爱护别人的孩子。这是儒家"推己及人"原则的政治运用，体现了孟子以仁爱推动善政的政治理念。

**3. 夫贵为天子，富有天下，是人情之所同欲也。然则从人之欲则势不能容，物不能赡也。故先王案为之制礼义以分之，使有贵贱之等，长幼之差，知愚、能不能之分，皆使人载其事而各得其宜，然后使悫禄多少厚**

薄之称，是夫群居和一之道也。（《荀子·荣辱》）

荀子认为理想的社会符合"群居和一"之道。"群"是人与动物之间的本质区别，"人，力不若牛，走不若马，而牛马为用，何也？曰：人能群，彼不能群也"。"能群"意味着形成了一定的共同体，在共同体之中产生了新的社会关系和社会分工，人们依托于共同体，不断发展自己的本质力量，与自然争胜，建立发达的文明，实现一个人无法完成的目标。"群居和一"代表着人与人之间和谐相处，协调统一，进而建构起一种良好的社会秩序。要实现"群居和一"，关键在于先王"制礼义以分之"，通过礼仪规范来分配各自的利益，使人们各尽所能，各得其所。荀子的社会理想以"群"作为现实基础，以"礼"作为制度保障，充分发挥道德在政治生活中的作用，最终达到"群居和一"的理想。

## 4. 天下之人皆相爱，强不执弱，众不劫寡，富不侮贫，贵不敖贱，诈不欺愚。（《墨子·兼爱》）

墨子的社会理想以"兼爱"思想为基础。在墨子看来，社会公共生活要求人们能平等地尊重对方，从而保证社会秩序的和谐稳定，在陌生人社会里，人们之间不应该有先天的等级差距，而应平等地成为共同体中的一员。当一个人以仁爱之心关爱他人，社会上的其他人也会以同等的行为回报自己，因此，爱人利人也就与爱己利己实现了统一。由于共同体成员都能够做到"兼相爱",所以强大的人不会欺负弱小的人,人数多的不会劫掠人数少的,富有的人不会侮辱贫困的人,尊贵的人不会鄙视低贱的人,聪明的人不会欺骗愚钝的人,因而能实现"天下之人皆相爱"的理想社会图景。

**5. 是以君子之为治也,块然若无事,寂然若无声,官府若无吏,亭落若无民,闾里不讼于巷,老幼不愁于庭,近者无所议,远者无所听,邮无夜行之卒,乡无夜召之征,犬不夜吠,鸡不夜鸣,耆老甘味于堂,丁男耕耘于野。(《新语·至德》)**

陆贾是西汉时期的文学家、思想家、政论家,其政治思想既继承了儒家仁义为本的治国传统,同时又吸收了道家清静无为的理论主张,追求返璞归真的"至德之世"。在陆贾看来,国家治理应以仁义为本,施行仁义是国家长治久安的基础。行仁义的方式在于"无为",这种"无为"实际上是仁义的外在表现形式。通过仁义的方式所达到的"至德之世"应该是清净闲逸的,是悠然自得的,是无为而无不为、无治而无不治的。陆贾所描绘的"至德之世"体现了儒家"仁义之治"和道家"无为而治"的有机融合,在这样的社会下,统治者以无为行仁义,从而达到社会和谐、国家安治的效果。

**6. 建久安之势,成长治之业,以承祖庙,以奉六**

亲，至孝也；以幸天下，以育群生，至仁也；立经陈纪，轻重同得，后可以为万世法程，虽有愚幼不肖之嗣，犹得蒙业而安，至明也。（《新书·数宁》）

贾谊的政治思想以"仁义之政"作为核心。在《过秦论》中，贾谊深刻总结了秦朝兴起与灭亡的原因。在贾谊看来，秦国采取了商鞅的变法之策，"内立法度，务耕织，修守战之具，外连衡而斗诸侯"，因而能够在战国诸雄中迅速强大起来，并最终统一天下。但是，秦朝却二世而亡，这是因为统治者在治理国家的过程中轻视了道德的作用，抛弃礼仪，放弃仁义，最终导致"仁义不施而攻守之势异也"的结果。贾谊认为，治理国家必须依靠礼，礼是政治生活的核心内容。礼以仁义为实质，施行仁义则天下大治。理想的社会应该以仁义为根基，以礼作为保障，是"至孝""至仁""至明"的有机统一。

## 7. 众圣辅德，贤能佐职，教化大行，天下和洽，万民皆安仁乐谊，各得其宜，动作应礼，从容中道。（《汉书·董仲舒传》）

董仲舒继承了先秦儒家的政治思想，主张以仁义立国，"春秋之所治，人与我也；所以治人与我者，仁与义也"。仁关乎人与人之间的关系，义关乎人与自身的关系，仁以安人，义以正我。因此，个体的修身活动必须以仁义为基础，没有仁义则无法实现治国平天下的目标。在理想的政治下，圣明之人会来帮助统治者治理国家，贤明之人会来辅佐统治者恪尽职守，人民安于行仁，乐于行义，各得其宜，各守其位，于是教化大行，天下得治。董仲舒提出了实现这一目标的方法，即以王道行教化，教化既明，社会风俗习惯由此养成，子孙后代遵循此道，国家便可以实现传承与发展。

**8. 王者之道，其心非有求于天下也，所以为仁义礼信者，以为吾所当为而已矣。以仁义礼信修其身而移之政，则天下莫不化之也。是故王者之治，知为之于此，不知求之于彼，而彼固已化矣。**（《王霸》）

王安石继承了儒家的王道思想，认为理想的社会应该以王道政治为基础。王安石认为，王道和霸道的区别在于"心异"，"心异"而后"事异""功异""名异"。在王道政治下，统治者以仁义礼信修其身，而后将其运用于政治，推行仁政，教化天下，人民安居乐业，社会和谐有序，天下得到良善的治理。霸道政治则相反，统治者没有仁义之心，却害怕世人厌恶其不仁不义，因此假装出一副仁义的样子，本质是为了满足自己的私欲。王安石指出，区别王道与霸道的本质在于"为义"还是"为利"，王道以仁义治天下，而霸道则借仁义谋私利，因此，只有王道才能实现真正的善政与善治，是理想的社会治理模式。

**9. 天地以生物为心，仁也。其流行次序万变而不紊者，义也。仁是乾元，义是坤元，乾坤毁则无以为天地矣。故国之所以治，天下之所以平，舍仁义更无他道。(《孟子师说》)**

传统儒家推崇三代之治，认为三代以上政治清明，人民安乐，是理想的社会蓝图。黄宗羲继承了这一思想，认为三代以上是治世，三代以下是乱世。三代之治的根本原因在于三代以仁义治天下，将仁义道德作为治国的根本，而后世的政治模式，只言利害，不言仁义，因此导致国家的动乱。黄宗羲将三代之治视为理想社会的标准，实际上是强调仁义道德对于治国平天下的重要作用，黄宗羲认为，仁代表"乾"，义代表"坤"，乾坤毁伤则天地不存，仁义毁伤则国家不治。由仁义出发，将"心术"与"事功"相结合，就能够实现王道政治，达到内圣与外王的统一。

**10. 仁莫切于笃其类，义莫大于扶其纪。笃其类者，必公天下而无疑；扶其纪者，必利天下而不吝。(《尚书引义》)**

仁义道德不仅关乎个人的修身，同时也关乎国家的生存和发展。在王夫之看来，理想社会应该以仁义为基础，即所谓"仁植义育"，仁以"笃其类"，义以"扶其纪"。"笃其类"就是关心关爱自己的同类，如此则必然践行"公天下"的原则，"扶其纪"就是扶正国家之纲纪，如此则致力于全天下人民的利益。王夫之为仁义道德划分了不同层次，仁的本质是爱人，其最高标准则是爱自己的民族国家；义的本质是适宜，其最高标准则是维护民族的生存和发展。王夫之将其爱国主义思想与仁义道德进行了有机圆融，将爱国、爱民族作为仁义道德的最高要求，提出了"仁笃其类，义扶其纪"的理想社会标准。

## 第二节　天人合德，大公至正

**1. 无偏无党，王道荡荡；无党无偏，王道平平；无反无侧，王道正直。（《尚书·洪范》）**

本段是对于王道政治的描绘。王道政治的核心在于"无偏无党"，"偏"和"党"指偏向于某一方面或某一群体。当统治者没有偏私，不结党营私，政治就能够实现清明坦荡。"无偏无党"表达了对统治者的一种理想化要求，即公正无私、坚守正道，在治理国家时，秉公持正，不偏袒任何一方，在政事的处理上，遵循大公至正的原则，不以自己的私心管理国家，这不仅是统治者应该追求的治国方式，也是王道政治的体现。本段是中国古代对于理想政治的论述，强调了公正平等对于治国安邦的重要作用,体现了中国古代政治对于公天下的追求。

**2. 丘也闻,有国有家者,不患寡而患不均,不患贫而患不安。盖均无贫,和无寡,安无倾。(《论语·季氏》)**

孔子指出,国家之患不在于资源少而在于分配不均,不在于贫困而在于社会不安定,如果财富能够得到合理的分配,人民就不会感到贫困,如果国家内部和平团结,人民就不会感到孤单无助,如果社会和谐稳定,国家就不会出现倾覆的危险。因此,国家稳定的关键因素在于公平、正义和安定,这是统治者要去努力追求和实现的目标,只有以公平公正的方式治理国家,合理地分配社会财富,社会才能实现和谐稳定,国家才能够繁荣发展。"不患寡而患不均,不患贫而患不安"不仅是孔子在经济上的主张,同时也反映了其"天下为公"的政治理念。

**3. 子夏曰:"三王之德,参于天地,敢问何如斯可谓参于天地矣?"孔子曰:"奉'三无私'以劳天下。"子夏曰:"敢问何谓'三无私'?"孔子曰:"天无私覆,地无私载,日月无私照,奉斯三者以劳天下,此之谓'三无私'。"(《礼记·孔子闲居》)**

夏禹、商汤、文王之所以能够与天地相参,就在于其能够遵循"三无私"的原则,以恩德招揽天下百姓。所谓"三无私",就是指像天那样无私地覆盖万物,像地那样无私地承载万物，像日月那样无私地照耀万物。天地日月无私地滋养万物，为万物生长提供条件，这正是君子为政应该效仿的对象。本段以自然比喻君主，认为君主应该以天地日月为榜样，以公正无私的态度治理国家，仁爱百姓，自觉承担起对于社会和国家的责任，为天下百姓谋福利。"三无私"强调了一种公正无私的道德价值观念，不仅是对君主德性的要求，也是对理想社会的描述。

**4. 仁人之所以为事者，必兴天下之利，除去天下之害，以此为事者也。（《墨子·兼爱》）**

墨子的政治理想以其兼爱思想为理论基础。墨子认为，仁人的核心特质是兼爱，即不分亲疏贵贱，普遍地关爱所有人。这种爱不仅仅是对家人、朋友的小爱，更是对社会、对天下所有人的大爱。因此，仁人之为事，必须是为了天下所有人的利益，而不是为了个人的私利。仁人的职责在于兴利去害，不仅致力于百姓的利益与福祉，而且要为百姓去除灾害，这实际上是墨子"天下为公"思想的发见。在墨子看来，"兴天下之利，除去天下之害"就是最大的公义，如果每个人都能够行仁人之事，为天下兴利除害，天下就能够得到太平大治，从而实现"天下之人皆相爱"的美好社会。

**5. 圣人恒无心，以百姓之心为心。善者善之，不**

**善者亦善之，德善也。信者信之，不信者亦信之，德信也。圣人之在天下，歙歙焉，为天下浑其心，百姓皆注其耳目焉，圣人皆咳之。**（《老子·四十九章》）

老子的社会理想同样主张去私存公。在老子看来，圣人没有私心，他以百姓之心为己心。以百姓之心为己心的方法在于"善者善之，不善者亦善之""信者信之，不信者亦信之"，即对于善良的人，以善良的方式对待他，对于不善良的人，仍然以善良的方式对待他，这样天下人的品德都会变得善良；对于守信用的人，就去信任他，对于不守信用的人，仍然去信任他，这样就可以使人人都守信用。可以看出，老子的政治理想虽然具有清净自然、无为而治的特点，但也包含了大公至正的价值倾向，强调抛弃私心，收敛私欲偏见，使天下人的心思归于浑朴。

**6. 天下，非一人之天下也，天下之天下也。阴阳之和，不长一类；甘露时雨，不私一物；万民之主，不阿一人。**（《吕氏春秋·孟春纪》）

本段从中国传统天人关系论的思考模式出发，认为阴阳相和，不只生长一种物类，甘露时雨，不偏私于一物，既然上天对待万物是没有自己的偏私的，那君主作为"万民之主"，也应该"不阿一人"。天下具有公的性质，它不独属于一家一姓，而是天下人的天下。统治者必须秉持公正无私的态度，以"公"治天下，"昔先圣王之治天下也，必先公，公则天下平矣。平得于公"，能够做到大公至正，无偏无党，天下就能够太平，太平之治以公正无私作为前提条件，反之，统治者如果有偏私之心，就会挑起动乱，破坏国家的稳定。因此，在理想的政治模式下，统治者以天下为公，平等地对待万民，实现国家的治理。

**7. 乾称父，坤称母；予兹藐焉，乃混然中处。故天地之塞，吾其体；天地之帅，吾其性。民吾同胞，物吾与也。大君者，吾父母宗子；其大臣，宗子之家相也。尊高年，所以长其长；慈孤弱，所以幼其幼。圣其合德，贤其秀也。凡天下疲癃、残疾、惸独、鳏寡，皆吾兄弟之颠连而无告者也。（《西铭》）**

张载认为，天下原本是一家，天地是我的父母，充塞天地之间的气，是我的形体；引领万物以成其变化的，是我的本性。人民是我的同胞，万物是我的同类。在这样的背景下，作为共同体成员的我就应该关爱一切人，关心一切物，"尊高年""慈孤弱"，将疲癃、残疾、惸独、鳏寡等颠连无告之人视为自己的手足同胞，履行自己的道德义务。同时，作为生命个体的人，也要以仁爱之心对待世间万物，将其视为人类的同伴而予以平等关照。只有这样，才能够实现"存，吾顺事；没，吾宁也"，即在活着的时候顺从天地父母，以尽吾孝，在死的时候，心安理得，安宁而逝。张载以其"民胞物与"的思想主张，构建了一个人人相爱的理想社会，体现了中华文明"天下为公"的追求与理想。

**8. 仁者，以天地万物为一体，莫非己也。（《河南程氏遗书》）**

仁者将天地万物看作一个整体，在这个整体中，人类并不是孤立的存在，而是与天地万物紧密相连、相互依存。在仁者的眼中，天地万物都是自己的一部分，他们不仅关心自己，也关心他人、关心社会、关心自然。这种博爱之心使得仁者能够超越个人的局限，将自己的命运与天地万物的命运联系起来。通过与天地万物合二为一，仁者发现自身的仁爱本性，进而达到圆融、达观、洒脱的精神境界，以此实现生命的自由。"以天地万物为一体"是对孟子"万物皆备于我"思想的继承与发展，体现了"天人合一"的哲学观念，通过将个人与万物的命运联系起来，反映出"天下为公"的社会理想。

**9. 有生之初，人各自私也，人各自利也，天下有公利而莫或兴之，有公害而莫或除之。有人者出，不以一己之利为利，而使天下受其利；不以一己之害为害，而使天下释其害。（《明夷待访录·原君》）**

"有生之初"指的是一种自然状态，在这种状态下，人性自私自利，因此，即使此时天下有公利却不能兴起，有公害却不能去除。圣人的出现有效地改变了这一局面，黄宗羲指出，圣人为天下百姓兴利除害，正是这种大公无私的行为，构成了君主地位合法性的来源。君主之所以能够统治万民，就在于其将个人的生命与天下百姓的生命统一起来，以天下之利为自身之利，以天下之害为自身之害，因此百姓推选他为君主。君主之所以能够治理好国家，就在于其"不以一己之利为利""不以一己之害为害"，以至公之心对待天下百姓。在本段中，黄宗羲借古喻今，反映了其对于大公至正的理想社会的构想。

## 10. 一姓之兴亡，私也，而生民之生死，公也。
(《读通鉴论·敬帝》)

王夫之以公私来区别统治者与人民的关系，在王夫之看来，"一姓之兴亡"属于私，"而生民之生死"则代表了公。"一姓"指代统治者，"生民"指代天下万民。王夫之认为，君位的更替是统治者的私事，但人民的生活状况却是整个国家的公事，国家不属于统治者一人，而属于全天下所有百姓，决定国家治乱的从来不是统治者一家一姓的兴衰，而是人民的生死存亡。王夫之进而提出"不以一人疑天下，不以天下私一人"的理论主张，反对将天下视为一个人的私有财产。王夫之将人民的地位置于统治者之上，对中国古代"家天下"传统进行批判和反思，体现了其政治思想中"公天下"的理论特色。

## 第三节　政通人和，国富民安

**1. 克明俊德，以亲九族。九族既睦，平章百姓。百姓昭明，协和万邦。黎民于变时雍。**（《尚书·尧典》）

《尧典》一篇通过歌颂尧的丰功伟绩，提出了一条实现大同世界的"内圣外王"之道。首先，"克明俊德"，即能够彰显光大的德性于自身。这强调君主要注重自身品德修养。其次，"以亲九族"，即亲爱自己的血缘宗族之人。这强调君主应当治理家族，以此为社会树立模范榜样。再次，"平章百姓"，即以公义的态度处理百姓之事，实现国家的稳定与繁荣。最后，"协和万邦"，即以"和"维护各邦国关系，将整个世界纳入同一命运共同体中。这一条施政理路印证着儒家"修齐治平"的理念，为后世中华民族政治实践提供了理论指引，表明了中华文明对和谐社会的追求。

**2. 五亩之宅，树之以桑，五十者可以衣帛矣。鸡豚狗彘之畜，无失其时，七十者可以食肉矣。百亩之田，勿夺其时，数口之家可以无饥矣。谨庠序之教，申之以孝悌之义，颁白者不负戴于道路矣。七十者衣帛食肉，黎民不饥不寒，然而不王者，未之有也。（《孟子·梁惠王上》）**

孟子以"王道"反对"霸道"，其所追求的理想社会以仁政作为基础。在孟子看来，人民的物质生活水平对于国家治乱具有重要意义，统治者必须保障人民的基本生产生活资料，即"制民之产"。"若民，则无恒产，因无恒心"，人民没有固定的产业，就不会有长久不变的心，如果没有长久不变的心，就会违反政令，犯上作乱。因此，统治者必须首先保证人民的正常生活，不夺农时，耕织有序，使人民不饥不寒，老有所依，幼有所养。在这个基础上，教导人民知礼节，明孝悌，建立和谐有序的社会秩序。孟子指出，要实现这样的理想社会，统治者必须以仁爱之心施以仁政，仁政既施，"然而不王者，未之有也"。

**3. 仲尼曰："善哉！政宽则民慢，慢则纠之以猛。**

**猛则民残，残则施之以宽。宽以济猛，猛以济宽，政是以和。《诗》曰：'民亦劳止，汔可小康；惠此中国，以绥四方。'施之以宽也。"（《左传·昭公二十年》）**

中国传统思想中遍布着政治智慧，这得益于先民基于"道义"精神的政治实践和对"政通人和"理想的追求。为实现这一理想，施政者当谨遵"宽以济猛，猛以济宽"的施政互补原则。一方面，如果政策过于宽松，民众就会变得懈怠，民众一旦懈怠，就又需用严格的政策来引导其积极性。另一方面，如果政策过于严格，民众就会深受其害，又需以柔和的政策宽慰民心，减轻压力。这是"中庸"的哲学观念在政治实践中的运用，通过顺从治道之理的本性，宽柔相济，实现"政是以和"的繁荣富强局面。

**4. 奉盛以告曰"洁粢丰盛"，谓其三时不害而民和年丰也。奉酒醴以告曰"嘉栗旨酒"，谓其上下皆有嘉德而无违心也。所谓馨香，无谗慝也。故务其三时，修其五教，亲其九族，以致其禋祀。于是乎民和而神降之福，故动则有成。（《左传·桓公六年》）**

本段借人神关系的演进，突出了重德爱民的治道理念于国家发展的重要性，并从两个方面揭示了国家兴盛的原因。第一，生态自然与国家的农业丰收和民众的生活息息相关。"三时不害"即无违于自然规律，在人与自然和谐相处的氛围中，国家财物资源得以丰收。基于此，统治者为政必须顺应自然规律，以民众的日常生活为导向。第二，国家的政治体制和社会秩序良好，百姓就会认同和热爱国家。国家施行教化，才能养成良善的道德风尚，塑造社会的和谐氛围。从这两个方面出发，社会才能够和谐稳定，国家才能够繁荣兴盛。

5. **于是越王内修其德，外布其道。君不名教，臣不名谋，民不名使，官不名事。国中荡荡，无有政令。越王内实府库，垦其田畴，民富国强，众安道泰。**（《吴越春秋·勾践归国外传》）

越王勾践以"休养生息"的施政纲领治理国事，提供了一套政通人和的施政指引。首先，"内修其德，外布其道"说明君主要注重自身品德的修养，以此推动政策的实施。其次，"君不名教，臣不名谋，民不名使，官不名事"指出具体的施政措施，其中"名"指代刻意悖理的政策行为。君主当不刻意彰显教化，不刻意让臣子贡献谋略，不刻意派使民众行事，以此达到国家内部秩序井然，社会和谐，不需要频繁颁布政令来维持秩序的状态。在此基础上，自然实现"民富国强，众安道泰"的至善之治。

6. **天下太平，万物安宁。皆化其上，乐乃可成。成乐有具，必节嗜欲。嗜欲不辞，乐乃可务。务乐有术，**

必由平出。平出于公，公出于道。**故惟得道之人，其可与言乐乎！**（《吕氏春秋·仲夏纪》）

中华文明的乐文化由来已久，并形成了对音乐教化的深刻理解，《乐记》指出"乐者，天地之和也。"音乐表征着天地间的和谐状态，通过音乐的抚慰，能够弥合人际关系的割裂，进而融乐于礼，和谐地施行道德教化。但和谐的音乐本身亦诞生于稳定和谐的社会，"天下太平，万物安宁"一句指出社会和谐是善乐的基础，而实现社会和谐又须依靠特定的手段，主要包括两个方面：一是"节嗜欲"，即节制欲望，引导民众培育善的本性；二是"由平出"，即养成平和心态，遏制暴虐之风。二者相合而成，共同构建了以音乐教化推动国家稳定、社会安宁的治世方法论。

**7. 士相与言仁谊于闲宴，工相与议技巧于官府，商相与语财利于市井，农相与谋稼穑于田野，朝夕从事，不见异物而迁焉。故其父兄之教不肃而成，子弟之学不劳而能，各安其居而乐其业，甘其食而美其服，虽见奇丽纷华，非其所习，辟犹戎翟之与于越，不相入矣。**（《汉书·货殖传》）

社会秩序的稳定和谐是国家治道追求的目标，中华文明数千年的历史都在致力于创造这一理想图景。班固借《管子》一书中的思想，展现了政通人和的安宁局面。在社会生活中，士人相伴，言谈仁谊；工匠相伴，钻研技艺；商人相伴，谋求财利；农人相伴，讨论庄稼。这一和谐图景根源于合理明确的社会分工体系，使得各职业能各司其职，社会秩序能够顺利运转。基于这一分工理念，人民百姓会养成淳朴的品性，享受稳定的生活，以达到"各安其居而乐其业，甘其食而美其服"的理想状态。

## 8. 夫立君臣，等上下，使父子有礼，六亲有纪，此非天之所为，人之所设也。夫人之所设，不为不立，不值则僵，不修则坏。（《汉书·贾谊传》）

贾谊的政治理想在于建立一个以仁爱为基础、以人民为根本的和谐社会，这个社会以仁政作为主要治理方针，具有政通人和、国泰民安、四海晏然的特征。贾谊认为，要实现这样的目标，必须首先"立君臣，等上下，使父子有礼，六亲有纪"，即明确君臣上下的等级秩序，使父子之间恭敬有礼，六亲之间和睦友爱，这样的规定并不是上天所设立，而是由人建立起来的。在贾谊看来，如果不设立这样的规定，就不能建立正常的社会秩序，从而导致社会混乱，破坏国家的和谐稳定。在本段中，贾谊反对以"天"作为政治绝对性、合法性来源的天命论观点，而是充分肯定人的主观能动性和政治实践，确立了人在政治生活中的主体性地位。

9. 及继体之时，民心定矣。普天之下，赖我而得生育，由我而得富贵，安居乐业，长养子孙，天下晏然，皆归心于我矣。豪杰之心既绝，士民之志已定，贵有常家，尊在一人。当此之时，虽下愚之才居之，犹能使恩同天地，威侔鬼神。（《后汉书·王充王符仲长统列传》）

《理乱篇》是仲长统批判东汉末年国家混乱、腐败堕落的忧国忧民之作。文章讨论了治世和乱世产生的根源，并提出治世乱世相互取代的历史循环论。本段节选自仲长统对东汉治世时期的描述，展现了当时一幅欣欣向荣的景象。经历漫长的内乱动荡，东汉初期国家早已衰弱不堪，经由"与民休息"政策的施行，国家才得以和平稳定，这为国家盛世奠定了和谐的社会基础。在长久的发展中，各阶层和谐相守，各安其位，社会井然有序，各行互不相侵，共同发展。在政治清明的社会氛围下，国家最终实现"安居乐业，长养子孙，天下晏然"的繁荣状态。

10. 忆昔开元全盛日，小邑犹藏万家室。
    稻米流脂粟米白，公私仓廪俱丰实。
    九州道路无豺虎，远行不劳吉日出。
    齐纨鲁缟车班班，男耕女桑不相失。
    宫中圣人奏云门，天下朋友皆胶漆。（《忆昔二首》）

《忆昔二首》是杜甫所作的忆古诗，本段描述了唐朝开元盛世时期国家繁荣的景象，表达了中华民族对美好生活的向往。"忆昔开元全盛日，小邑犹藏万家室。稻米流脂粟米白，公私仓廪俱丰实"指明国家物资丰裕，百姓衣食富足。"九州道路无豺虎，远行不劳吉日出"指出国家治安稳定，社会和谐安宁。"齐纨鲁缟车班班，男耕女桑不相失"则说明国家贸易兴盛，百姓轻松舒适，社会各阶层各安其位，各司其职。"宫中圣人奏云门，天下朋友皆胶漆"表明社会关系和谐融洽，国家势运兴旺。本诗描绘了物质丰富、社会安定、文化繁荣和人际和谐的社会，体现出中华民族追求太平盛世的美好愿景。

## 第四节　讲信修睦，世界大同

**1. 大道之行也，天下为公。选贤与能，讲信修睦，故人不独亲其亲，不独子其子，使老有所终，壮有所用，幼有所长，矜寡孤独废疾者皆有所养。男有分，女有归。货恶其弃于地也，不必藏于己；力恶其不出于身也，不必为己。是故谋闭而不兴，盗窃乱贼而不作，故外户而不闭。是谓大同。（《礼记·礼运》）**

本段描绘了中华民族孜孜以求的大同世界，这一理想社会崇尚"大道之行也，天下为公"这一根本信念，即道德仁义大昌，天下人为公利而行。这样的理想社会在政治上表现为"选贤与能"，意在选拔有德行和才能的人来担任公职；在社会上表现为"讲信修睦"，意在培育诚信和睦的社会氛围。在大同社会里，社会推崇"公义高于私利"的价值观念，个人不浪费资源，也不私藏公利，民众关系和睦，社会安全稳定，从而达到百姓安居乐业，社会井然有序，国家长治久安，人皆有所养的理想状态。

2. 硕鼠硕鼠，无食我黍。三岁贯女，莫我肯顾。逝将去女，适彼乐土。乐土乐土，爰得我所！

硕鼠硕鼠，无食我麦。三岁贯女，莫我肯德。逝将去女，适彼乐国。乐国乐国，爰得我直！

硕鼠硕鼠，无食我苗。三岁贯女，莫我肯劳。逝将去女，适彼乐郊。乐郊乐郊，谁之永号！（《诗经·硕鼠》）

《硕鼠》篇体例和谐，喻义明确。诗歌以"比"的手法，表达了劳动人民对贪婪暴虐、狡诈成性的统治者的憎恨和批判之意。诗中"硕鼠"象征贪婪的统治者，"无食我黍""无食我麦""无食我苗"则表明劳动者对统治阶级侵吞劳动成果的不满。"乐土""乐国""乐郊"象征着劳动者所追求的理想社会，这一社会崇尚公平正义，政治清明，民众生活祥和安定，无剥削压迫。这一具象化的理想引导着中华民族反对不公统治，标识着中华文明对于理想社会的追求。

3. 九州攸同，四隩既宅。九山刊旅，九川涤源，

**九泽既陂。四海会同。（《尚书·禹贡》）**

《禹贡》记载了大禹如何治理九州洪水泛滥的事迹，歌颂了大禹的丰功伟业，描绘了一幅天下繁荣的景象。大禹治水成功时，九州安定祥和，人民安居乐业。据载，九州统一，四方之土皆可居，九州之山皆可伐，九州之河皆涤除淤积，九州之湖皆筑堤蓄水，天下诸侯皆来觐见。"九州"表征着"天下国家"，"九州攸同""四海会同"局面的产生得益于国家各方面的稳定和谐，包括政治统一、疆域安定、山河整治、水利兴修、民族团结，这些方面共同构成了理想的国家秩序。

**4. 小国寡民。使有什伯之器而不用；使民重死而不远徙；虽有舟舆，无所乘之；虽有甲兵，无所陈之；使民复结绳而用之。甘其食，美其服，安其居，乐其俗。邻国相望，鸡犬之声相闻，民至老死，不相往来。（《老子·八十章》）**

老子厌倦社会礼乐秩序的崩坏，诸侯国无休止的征战，出于对动荡混乱世界的不安，他构思了一个理想的社会模式。这一理想社会最大的特征在于"小国寡民"，即国家制度结构清晰，国家机制运转有效，且人口数量满足国家稳定发展的承载力要求。其治理方针基于"无为而治"，国家政令方针以顺应大道规律为要旨。国家活动不刻意而行，人与自然和谐相处。在这样的状态下，人民生性淳朴，生活满足，能够达到"甘其食，美其服，安其居，乐其俗"的其乐融融状态。

5. **故至德之世，其行填填，其视颠颠。当是时也，山无蹊隧，泽无舟梁；万物群生，连属其乡；禽兽成群，草木遂长。是故禽兽可系羁而游，鸟鹊之巢可攀援而窥。夫至德之世，同与禽兽居，族与万物并，恶乎知君子小人哉！同乎无知，其德不离；同乎无欲，是谓素朴；素朴而民性得矣。**（《庄子·马蹄篇》）

道家推崇"无为而治"的理念，主张回到清净寡欲的原始社会。这一社会有着两大特征，即"生态和谐"和"民众淳朴"。前者说明人与自然还未明确分化，人未将自身的意志凌驾于自然之上，人能够与自然和谐相处，与万物并存于天地之间。后者说明人类社会尚未有明确的职业分工，因此人们顺应"自然而然"的本性行动。"同乎无欲，是谓素朴"指明人无须刻意维持社会秩序，其运转本身井井有条。庄子的理想社会蕴含着生态和谐、天人合一的理念，对于今天的我们依然有着重要的启示意义。

6. **天之行广而无私，其施厚而不德，其明久而不衰，故圣王法之。既以天为法，动作有为必度于天，天之所欲则为之，天所不欲则止。然而天何欲何恶者也？天必欲人之相爱相利，而不欲人之相恶相贼也。奚以知天之欲人之相爱相利，而不欲人之相恶相贼也？以其兼**

而爱之、兼而利之也。奚以知天兼而爱之、兼而利之也？以其兼而有之、兼而食之也。（《墨子·法仪》）

墨子从"人法天"的角度论证了"兼相爱"伦理原则的合法性。墨子认为圣人效法天，遵循"天之所欲则为之，天所不欲则止"的原则，因此，天道想让人们兼相爱、交相利，反对人们相恶相害，圣人就制定兼相爱、交相利的道德法则，这是人顺应自然本性的做法。天一视同仁地拥有万物，一视同仁地爱护万物，人应当效法天的这种宽厚仁爱的德性，并以此作为大同社会的价值基础。在这种价值原则主导下，人民能够安宁和乐，社会能够和谐有序，国家能够长治久安。

**7. 民家给人足，无怨望忿怒之患、强弱之难，无馋贼妒疾之人。民修德而美好，被发衔哺而游，不慕富贵，耻恶不犯。父不哭子，兄不哭弟。毒虫不螫，猛兽不搏，抵虫不触，故天为之下甘露，朱草生，醴泉出，风雨时，嘉禾兴，凤凰麒麟游于郊。囹圄空虚，画衣裳而民不犯。四夷传译而朝，民情至朴而不文。（《春秋繁露·王道》）**

董仲舒基于儒家传统的大同理想，描绘了人与自然和谐共存的命运共同体图景，开辟了大同理想的新境界。一方面，人类社会经由道德教化，民众养成"不慕富贵，耻恶不犯"的德性，促进了社会关系的和谐，为社会秩序的稳定奠定了基础，民众各安其位，共同维持着社会需要的满足。另一方面,基于"天人感应"的观点,人类社会内部的和谐必然印证着整个自然界的和谐,"风雨时,嘉禾兴"说明自然界充满生机,自然规律有序运转,展现了一幅人与自然和谐相容的生态图景。在这一基础上,人类社会和自然界统一为一个生态大同的世界。

8. **故人具鸡黍,邀我至田家。**
**绿树村边合,青山郭外斜。**
**开轩面场圃,把酒话桑麻。**
**待到重阳日,还来就菊花。**(《过故人庄》)

这首诗是孟浩然隐居于襄阳时所作,描写了诗人应邀到一位农村老朋友家做客的经过。首联开门见山,直接点明诗歌的主题,体现了诗人与朋友之间和谐友爱、善良淳朴的真挚感情。颔联和颈联描绘了一幅绿意盎然、生机勃勃的美丽图景,展示了诗人与朋友把酒言欢的轻快场面。在淳朴自然的田园风光之中,主客举杯饮酒,闲谈家常,充满了乐趣,抒发了诗人和朋友之间诚挚的友情。尾联以诗人与朋友的约定作尾,表达了诗人依依不舍的眷恋之情。全诗感情真挚,叙事流畅,以平静的写作风格描绘了田园生活的风光景象,表明了诗人对田园生活的向往。

9. **土地平旷,屋舍俨然,有良田、美池、桑竹之**

属。阡陌交通，鸡犬相闻。其中往来种作，男女衣着，悉如外人。黄发垂髫，并怡然自乐。（《桃花源记》）

本段描写的是《桃花源记》中渔夫刚入村庄时见到的景象。陶渊明通过描绘优美秀丽的自然图景，展现了一幅充满生活气息的画面，抒发了对于理想生活的构想，隐含着中华民族对于乌托邦式理想的追求。在这一理想下，人与自然和谐共处，人与人之间讲信修睦，关爱包容，老人小孩自得其乐，皆有所养。本段文字通过细腻入微的描绘和生动形象的比喻，展现了一幅理想化的社会生活图景，表达了陶渊明对于理想社会的构想与追求，同时也蕴含着深刻的人文关怀与哲学思考。

## 10. 故得天下之欢心，其治日兴，太平无有刑，无穷物，无冤民，天地中和，尽得相通也。（《太平经》）

《太平经》一书重新构筑了早期道教"天人合一"的思想，以阴阳五行学说为基础，勾勒了一幅理想社会图景，抒发了中国传统士人对昏庸无道世界的批判和对大同世界的向往之情。在本段中，"天下"意指每一个单独的个体，表明理想社会必然会满足每个人的心愿。"无有刑"表示人民德性高尚，民风淳朴，不需要以暴力手段维持社会秩序。"无穷物"说明国家资源充足，人民生活富裕。"无冤民"则指出国家崇尚公平正义的价值观念，形成了大公至正的社会风气。通过国家的善治，整个社会达到完美和谐的理想状态。

# 参考文献

[1] 左传 [M]. 郭丹，程小青，李彬源，译注. 北京：中华书局，2012.

[2] 周易 [M]. 杨天才，张善文，译注. 北京：中华书局，2011.

[3] 诗经 [M]. 刘毓庆，李蹊，译注. 北京：中华书局，2011.

[4] 尚书 [M]. 王世舜，王翠叶，译注. 北京：中华书局，2012.

[5] 礼记 [M]. 胡平生，张萌，译注. 北京：中华书局，2017.

[6] 论语译注 [M]. 杨伯峻，译注. 北京：中华书局，2006.

[7] 孟子 [M]. 方勇，译注. 北京：中华书局，2010.

[8] 荀子 [M]. 方勇，李波，译注. 北京：中华书局，2011.

[9] 老子 [M]. 汤漳平, 王朝华, 译注. 北京: 中华书局, 2014.

[10] 庄子 [M]. 方勇, 译注. 北京: 中华书局, 2010.

[11] 列子 [M]. 叶蓓卿, 译注. 北京: 中华书局, 2011.

[12] 墨子 [M]. 方勇, 译注. 北京: 中华书局, 2011.

[13] 管子 [M]. 李山, 轩新丽, 译注. 北京: 中华书局, 2019.

[14] 韩非子 [M]. 高华平, 王齐洲, 张三夕, 译注. 北京: 中华书局, 2010.

[15] 吕氏春秋 [M]. 陆玖, 译注. 北京: 中华书局, 2011.

[16] 淮南子 [M]. 陈广忠, 译注. 北京: 中华书局, 2012.

[17] 国语 [M]. 陈桐生, 译注. 北京: 中华书局, 2013.

[18] 贾谊. 新书校注 [M]. 阎振益, 钟夏, 校注. 北京: 中华书局, 2000.

[19] 王利器. 新语校注 [M]. 北京: 中华书局, 1986.

[20] 董仲舒. 春秋繁露 [M]. 张世亮, 钟肇鹏, 周桂钿, 译注. 北京: 中华书局, 2012.

[21] 陈立. 白虎通疏证 [M]. 吴则虞, 点校. 北京: 中华书局, 1994.

[22] 刘向. 说苑校证 [M]. 向宗鲁, 校证. 北京: 中华书局, 1987.

[23] 司马迁. 史记 [M]. 北京: 中华书局, 2011.

[24] 班固. 汉书 [M]. 北京: 中华书局, 2007.

[25] 范晔. 后汉书 [M]. 北京: 中华书局, 2007.

[26] 刘恕. 资治通鉴外纪 [M]. 北京: 商务印书馆, 1929.

[27] 吴乘权. 纲鉴易知录 [M]. 北京: 中华书局, 1996.

[28] 抱朴子外篇 [M]. 张松辉, 张景, 译注. 北京：中华书局, 2013.

[29] 司马相如集校注 [M]. 金国永, 校注. 上海：上海古籍出版社, 1993.

[30] 诸葛亮. 诸葛亮集 [M]. 段熙仲, 闻旭初, 编校. 北京：中华书局, 2012.

[31] 太平经 [M]. 杨寄林, 译注. 北京：中华书局, 2013.

[32] 曹植. 曹植集校注 [M]. 赵幼文, 校注. 北京：中华书局, 2018.

[33] 袁行霈. 陶渊明集笺注 [M]. 北京：中华书局, 2011.

[34] 乐府诗集 [M]. 郭茂倩, 编. 北京：中华书局, 2019.

[35] 严可均. 全上古三代秦汉三国六朝文 [M]. 北京：中华书局, 1958.

[36] 长孙无忌. 唐律疏议 [M]. 刘俊文, 点校. 北京：中华书局, 1983.

[37] 贞观政要 [M]. 骈宇骞, 译注. 北京：中华书局, 2011.

[38] 魏徵. 隋书 [M]. 北京：中华书局, 2000.

[39] 杜甫. 杜诗详注 [M]. 仇兆鳌, 注. 北京：中华书局, 2015.

[40] 孟浩然. 孟浩然诗选 [M]. 王淑玲, 注析. 郑州：中州古籍出版社, 2015.

[41] 韩愈. 韩昌黎文集校注 [M]. 马其昶, 校注. 马茂元, 整理. 上海：上海古籍出版社, 1986.

[42] 韩愈. 韩愈诗集编年笺注 [M]. 方世举, 笺注. 郝润华, 丁俊丽, 整理. 北京：中华书局, 2019.

[43] 李翱. 李翱集 [M]. 郝润华, 校点. 兰州: 甘肃人民出版社, 1992.

[44] 杜牧. 杜牧集系年校注 [M]. 吴在庆, 校注. 北京: 中华书局, 2013.

[45] 毛诗注疏 [M]. 郑玄, 笺. 孔颖达, 疏. 朱杰人, 李惠玲, 整理. 上海: 上海古籍出版社, 2013.

[46] 周敦颐. 周敦颐集 [M]. 北京: 中华书局, 1990.

[47] 程颢, 程颐. 二程集 [M]. 王孝鱼, 点校. 北京: 中华书局, 1981.

[48] 张载. 张载集 [M]. 北京: 中华书局, 1978.

[49] 范仲淹. 范仲淹集 [M]. 薛正兴, 点校. 南京: 凤凰出版社, 2019.

[50] 王安石. 王安石全集 [M]. 上海: 复旦大学出版社, 2016.

[51] 司马光. 资治通鉴 [M]. 胡三省, 音注. 北京: 中华书局, 2013.

[52] 欧阳修, 宋祁. 新唐书 [M]. 北京: 中华书局, 1975.

[53] 李觏. 李觏集 [M]. 北京: 中华书局, 2011.

[54] 朱熹. 四书章句集注 [M]. 北京: 中华书局, 2011.

[55] 黎靖德. 朱子语类 [M]. 王星贤, 点校. 北京: 中华书局, 1986.

[56] 朱熹. 朱子全书 [M]. 朱杰人, 严佐之, 刘永翔, 主编. 上海: 上海古籍出版社, 2002.

[57] 陆九渊. 陆九渊集 [M]. 北京: 中华书局, 1980.

[58] 陆游. 陆游选集 [M]. 朱东润, 选注. 上海: 上海古籍出版社, 2013.

[59] 文天祥. 文天祥全集 [M]. 北京：中国书店，1985.

[60] 陈澹然. 寤言 [M]. 光绪二十八年刻本，1902.

[61] 王廷相. 王廷相集 [M]. 王孝鱼，点校. 北京：中华书局. 1989.

[62] 王守仁. 王阳明集 [M]. 王晓昕，赵平略，点校. 北京：中华书局，2016.

[63] 王艮. 王心斋全集 [M]. 南京：江苏教育出版社，2001.

[64] 于谦. 于谦集 [M]. 魏得良，点校. 杭州：浙江古籍出版社，2016.

[65] 李贽. 焚书 [M]. 张建业，译注. 北京：中华书局，2018.

[66] 顾炎武. 日知录集释 [M]. 黄汝成，集释. 栾保群，吕宗力，校点. 上海：上海古籍出版社，2013.

[67] 王夫之. 船山全书 [M]. 长沙：岳麓书社，2011.

[68] 黄宗羲. 黄宗羲全集 [M]. 杭州：浙江古籍出版社，1985.

[69] 黄宗羲，全祖望. 宋元学案 [M]. 陈金生，梁运华，点校. 北京：中华书局，1986.

[70] 黄宗羲. 明儒学案 [M]. 沈芝盈，点校. 北京：中华书局，2008.

[71] 颜元. 颜元集 [M]. 王星贤，张芥尘，郭征，点校. 北京：中华书局，1987.

[72] 皮锡瑞. 孝经郑注疏 [M]. 吴仰湘，点校. 北京：中华书局，2016.

[73] 郑太和. 郑氏规范 [M]. 北京：中华书局，1985.

[74] 脱脱, 等. 宋史 [M]. 北京：中华书局, 2000.

[75] 袁了凡. 了凡四训 [M]. 尚荣, 徐敏, 评注. 北京：中华书局, 2015.

[76] 王豫. 蕉窗日记 [M]. 北京：中华书局, 1985.

[77] 朱柏庐. 朱柏庐诗文选 [M]. 陆林, 吴家驹, 选注. 南京：江苏古籍出版社, 2002.

[78] 孔子家语 [M]. 王国轩, 王秀梅, 译注. 北京：中华书局, 2011.

[79] 楚辞 [M]. 林家骊, 译注. 北京：中华书局, 2010.

[80] 唐圭璋. 全宋词 [M]. 北京：中华书局, 1999.

[81] 刘勰. 文心雕龙 [M]. 王志彬, 译注. 北京：中华书局, 2012.

[82] 苏洵. 嘉祐集笺注 [M]. 曾枣庄, 金成礼, 笺注. 上海：上海古籍出版社, 1993.

[83] 陈澧. 东塾读书记 [M]. 上海：中西书局, 2012.

[84] 颜氏家训 [M]. 檀作文, 译注. 北京：中华书局, 2011.

[85] 韩婴. 韩诗外传集释 [M]. 许维遹, 校释. 北京：中华书局, 1980.

[86] 纪昀. 阅微草堂笔记 [M]. 吴敢, 韦如之, 校点. 杭州：浙江古籍出版社, 1997.

[87] 战国策 [M]. 缪文远, 缪伟, 罗永莲, 译注. 北京：中华书局, 2012.

[88] 刘昫. 旧唐书 [M]. 北京：中华书局, 1975.

[89] 增广贤文 [M]. 李宏光, 译注. 天津：天津古籍出版社, 2018.

[90] 章学诚. 文史通义 [M]. 叶瑛, 校注. 北京: 中华书局, 1985.

[91] 赵翼. 廿二史札记校证 [M]. 北京: 中华书局, 1984.

[92] 刘悚. 隋唐嘉话 [M]. 程毅中, 点校. 北京: 中华书局, 1979.

[93] 林则徐. 林则徐全集 [M]. 福州: 海峡文艺出版社, 2002.

[94] 龚自珍. 龚自珍全集 [M]. 王佩诤, 校. 上海: 上海古籍出版社, 1999.

[95] 皮锡瑞. 经学通论 [M]. 吴仰湘, 点校. 北京: 中华书局, 2017.

[96] 黄晖. 论衡校释 [M]. 北京: 中华书局, 2018.

[97] 张觉. 吴越春秋校证注疏 [M]. 长沙: 岳麓书社, 2019.

[98] 曾国藩. 曾国藩诗文集 [M]. 王澧华, 校点. 上海: 上海古籍出版社, 2005.

[99] 张之洞. 张之洞诗文集 [M]. 庞坚, 校点. 上海: 上海古籍出版社, 2008.

[100] 梁启超. 梁启超文选 [M]. 王德峰, 编. 上海: 上海远东出版社, 2011.

[101] 谭嗣同. 谭嗣同全集 [M]. 蔡尚思, 方行, 编. 北京: 中华书局, 1981.

[102] 康有为. 康有为政论集 [M]. 汤志钧, 编. 北京: 中华书局, 1981.

[103] 严复. 严复集 [M]. 王栻, 主编. 北京: 中华书局, 1986.

[104] 孙中山. 孙中山全集 [M]. 北京：中华书局，1981—1986.

[105] 章炳麟. 章太炎全集 [M]. 上海：上海人民出版社，2014.

[106] 杨昌济. 杨昌济集 [M]. 王兴国，编注. 长沙：湖南教育出版社，2008.

[107] 蔡元培. 蔡元培全集 [M]. 高平叔，编. 北京：中华书局，1984.